행복 알고리즘

행복 알고리즘

초판 **1쇄** 발행 2026년 3월 15일

지은이 허용강
펴낸이 한승수
펴낸곳 문예춘추사

편집 구본영
디자인 이새봄
마케팅 박건원, 김홍주

등록번호 제300-1994-16호
등록일자 1994년 1월 24일
주소 서울특별시 마포구 동교로 27길 53, 309호
전화 02 338 0084
팩스 02 338 0087
메일 moonchusa@naver.com

ISBN 978-89-7604-776-2 03300

행복 알고리즘

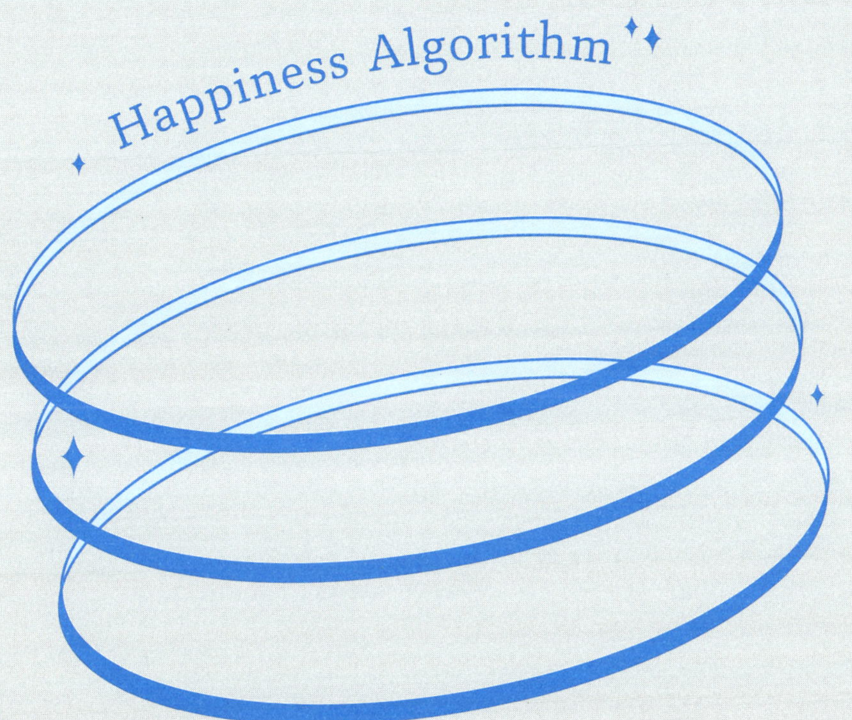

행복에도 공식이 있다!

불확실한 시대에서 확실한 행복 찾기

일러두기

1. 단행본은 『 』, 문학 작품은 「 」로 표기했습니다.
2. 음반·정기간행물은 《 》, 곡명·영화·방송·미술 작품은 〈 〉로 표기했습니다.

행복 찾기에
공학을 활용해보려 합니다

행복은 무엇일까요? 어떻게 해야 행복할 수 있을까요? 행복에 대한 고민은 인류 역사가 시작된 이래 수많은 사람들이 해오고 있습니다. 고민의 역사가 유구한 만큼 수많은 답변이 나와 있음에도 불구하고, 정답을 찾은 사람은 극소수에 불과합니다. 행복에 대한 고민의 시기와 깊이는 사람마다 다르겠지만, 한 번도 고민하지 않은 사람은 없을 것입니다.

저 역시도 사춘기에 접어들면서 행복을 고민하기 시작했습니다. 아직 정답을 발견하지 못했지만, 포기하지 않고 강연과 도서, 인터넷 등 의지와 시간을 들여 각기 다른 관점과 방법으로 표현한 답변들을 찾고 있습니다. 분명, 문명이 기록되기 시작한 이래 현재까지 쌓인 훌륭한 답변들이 많습니다. 그럼에도 불구하고 진정한 행복을 찾기 어려운 이유가 늘 궁금했습니다.

‘건강한 신체’ 혹은 ‘건강한 정신’ 등과 같은 몇몇 답은 행복의 중요한 요인으로 여겨집니다. 하지만 ‘건강한’이란 수식이 어떤 상태인지는 여전히 모호합니다. 건강한 신체와 정신의 명확한 상태뿐만 아니라 행복의 여러 요인들에 대한 인식이 다른 이유는 현재와 과거의 환경과 관점에 차이가 있기 때문입니다.

또한, 시대에 따라 언어 및 사회적 표현도 변화하여 이해의 방향도 바뀌게 됩니다. 본래 인간은 완벽한 정보를 전달하기 어렵기 때문에 서로간의 인식의 차이 또한 진정한 행복을 찾는 일이 어려운 사유 중 하나입니다. 이렇듯 여러 이유들이 존재하지만, 정답이라 지칭할 방법만 없을 뿐이지 신뢰성 있는 답변들은 이미 우리가 익히 알고 있는 내용입니다.

답을 알고 있음에도 행복을 찾지 못하는 사유를 고민해보면, 앎과는 별개로 무언가의 부족함이 원인임을 곧바로 알 수 있습니다. 그렇기에, 행복의 답을 찾는 동시에 스스로를 돌아보며 어떤 점이 부족한지, 어떻게 해야 하는지도 함께 고민했습니다.

결론부터 말하자면, 그 부족한 무언가는 사물이나 현상을 관찰할 때 사람이 보고 생각하는 태도나 방향 또는 처지를 의미하는 ‘관점’이라 생각했습니다. 조금 더 상세하게 표현한다면, ‘관점의 방향성’ 혹은 ‘관점의 크기’이며, ‘관점을 대하는 태도’ 또한 포함합니다.

어떤 일이나 상황 따위를 대하는 마음가짐에 대한 대표적인 개념 차이는 '긍정과 부정'입니다. 매년 봄 벼농사를 위해 겨우내 얼었던 땅을 갈아야 하는 농부가 둘 있습니다. 두 농부 모두 땅을 열심히 갈아 반 정도의 일을 끝내고 허리를 펴면서 한마디씩 합니다. '아! 벌써 반이나 갈았구나! 조금만 더 하면 금방 끝나겠네.' 다른 한 농부는 '아! 아직도 반밖에 못 갈았네! 얼마나 더 해야 끝나는 걸까?'

우리는 이 짧은 이야기로부터 매사에 긍정적인 마음을 가지고 임해야 괴롭지 않으며 행복을 느낄 수 있음을 배웠습니다. 실제로 상황을 부정적 관점으로 대하기보다 긍정적 관점으로 대하는 것이 동기를 부여하는 데 도움이 됩니다.

하지만 이런 긍정적 태도에도 분명 한계가 있습니다. 많은 사람들이 긍정적 관점으로 살고자 해도, 타인과의 경쟁이나 자책 등과 같은 방해 요인에 지쳐 쓰러지곤 합니다. 이러한 어려움은 인생을 살아온 기간과도 상관이 없는가 봅니다. 어느 방송 프로그램에서는 이제 막 말을 시작한 세 살 정도의 어린아이에게도 나름의 어려운 점이 있고, 이를 극복한 지혜가 있음을 방영하기도 했습니다. 가깝게는 제가 만난 모든 이들도 나름의 어려움이 있었으며, 또한 자신만의 극복 방법을 가지고 있었습니다.

제 글을 읽는 분들은 모두 오랜 시간 행복을 찾아온 분들이기에, 이미 훌륭한 답변을 가지고 계시리라 생각합니다. 저 또한 더 나은 방법을 발견하기 위해 오랜 시간 동안 여러 정보를 찾으면서 고민하고 정리했습니다. 그 결과, 행복을 찾기 위한 과정에는 일련의 순서가 있었습니다.

　　① 인간은 행복하고 싶어한다. → ② 행복하려면 원하는 꿈을 이뤄야 한다. → ③ 그 꿈을 이루려면 노력해야 한다. → ④ 노력에는 효과적인 방법이 있다. → ⑤ 이상적이고, 효율적이고, 편법적인 방법론을 제시한다.

　　①~④까지의 명제들은 철학과 신학에서 다루긴 하지만, 현대에 이르러 모두 당연히 생각하게 되면서 행복을 직접적으로 다루는 심리학이나 자기계발에서는 자세히 다루지 않고 있습니다. 반면에 ⑤에 해당하는 방법론은 주된 쟁점이 되어, 카테고리를 나누기 어려울 정도로 다양해졌습니다. 특히 한국에서는 2013년부터 번 아웃[1]이라는 용어가 사회적으로 통용되기 시작하면서, 하나의 방법만을 추구하다가 지쳤을 때 빠르게 포기하거나 잠시 휴식 후 다른 방법을 시도하는 혼합(Hybrid)화 방식으로 다양성이 폭발적으로 증가했습니다.

　　고민의 시간만큼 행복을 찾는 방법이 증가했지만, 그럼에도 불구하고 여전히 답을 찾지 못했고 더 복잡하고 어려운 방법으로

1　번 아웃(Burn Out): 사전적 의미는 신체적 또는 정신적인 극도의 피로, 연료의 소진. 1974년 미국 심리학자 허버트 프로이덴버거(Herbert Freudenberger)가 작업 환경에서 장기 피로에 따른 열정 상실을 지칭하는 개념으로 사용했다.

행복을 실현해야 하는 시대가 된 듯합니다. 이러한 변화를 보고 있으면, 과거보다 현재가 더 살기 어려워진 듯하며, 나아가 미래는 현재보다 더 어려운 상황에 직면할 것만 같습니다. 이러한 추측이 옳을까요? 아직 겪지 않은 미래는 알 수 없으니 과거와 현재를 비교함으로써 검증할 수 있습니다.

지인들과 이야기를 나누어보면, 성인이 되면서 유년 시절보다 행복을 추구하는 것이 더욱 어렵다고 생각하는 사람들이 많음을 알 수 있습니다. 그리고 주변 환경 혹은 시대가 복잡해졌음을 이유로 들곤 합니다. 물론 환경과 시대의 영향이 없진 않겠지만, 그것을 주된 원인으로 단정 지으면 더 이상의 개인적 고민은 의미가 없어집니다. 환경과 시대를 이끄는 주요 인물이나 세력들이 고민할 내용이 되어버리기 때문이지요. 시대와 환경과는 별개로 행복에 강하게 영향을 미치는 요인이 분명 있으리라 추정할 수 있습니다.

예를 들어, 한국 근현대 100여 년을 되짚어봐도 환경의 어려움과 행복의 실현 난이도가 비례한다거나 혹은 반비례함으로 규정할 수 없음을 알 수 있습니다. 1920년대부터 살아오신 할아버지와 할머니, 1950년대에 출생하신 아버지와 어머니, 1980년대에 태어난 저. 행복과 꿈을 이루기 위한 3대의 청년 시대를 떠올려봅니다. 모두 혈기왕성한 10대와 20대를 거쳐왔지만 환경은 너무나도 달랐습니다.

1920년대 한국은 일본에게 국가 주권을 잃은 시대였습니다. 일본인과 조선인은 지배와 피지배 국가로서의 국적이 달랐기에 조선 사람은 일본 사람보다 못한 처우를 받았습니다. 이때 대부분의 청년들은 생명 연장이 주된 행복과 꿈이었을 것입니다.

시간이 흘러 1945년 광복이 되었고, 한반도는 주권을 회복한 대한민국이 되었습니다. 일제 강점기의 어두운 시기를 지난 한반도는 불과 5년 만인 1950년에 동족상잔의 비극인 한국 전쟁을 치르게 됩니다. 2020년을 기준으로 환갑을 넘기신 아버지와 어머니는 한국 전쟁 세대로, 전쟁 직후 이념적으로 어려웠던 한국을 기억하고 있습니다. 1920년대와 같이 국가 혹은 출신 때문에 생명을 위협받지는 않았지만, 1980년대 초반까지 꽤 오랜 시간 동안 이념 차이로 인한 생명 위협이 있었다고 합니다.

1950년대 한국은 오랜 기간 동안 이어진 왕권 국가로서의 역사와 35년간의 주권 상실 그리고 독립 후 이어진 남북 간의 이념 갈등이라는 전혀 다른 성격의 시대를 겪은 나라였습니다. 따라서 급하게 받아들인 민주주의와 자본주의는 이전 시대와는 다른 종류의 불안함을 야기했습니다. 이런 환경 속에서 청년 시기를 보낸 아버지와 어머니 역시 의식주와 같은 기초적인 생활 영위에 기반한 행복과 꿈을 꾸었다고 합니다.

1980년대 경제적 부흥기에 태어난 저는 IMF로 인한 외환 위기 때 청소년기를 보냈습니다. 기초 생활은 보장되었으나 진로 선택에 따라 격차가 현저히 벌어지는 시대에서 행복과 꿈을 꾸기 시작했습니다. 앞서 언급했듯이 제가 살아온 시대는 삶의 난이도가 쉬워진 편이라 할 수 있습니다. 다만, 이전 시대에 비해 선택과 결과의 가지 수가 급격하게 증가하며 복잡해졌습니다.

누구도 겪어보지 못한 복잡한 인생을 선택하면서 살아야 함은 시대 구분 없이 사람들을 불안하게 만듭니다. 따라서 사람들은 보다 더 간단하고 확실한 답으로 삶의 안정을 찾고자 변해가고 있습니다. 복잡하고 불안한 사회에서 간단하고 안정된 사회로의 발전은 당연한 변화의 방향입니다. 다만, 여느 나라와 달리 급격한 사회 변화를 겪은 한국은 행복 추구 방법론에서도 다른 양상을 보였습니다. 즉, 시대의 어려움과는 별개로 빠르게 변화하는 사회에 적응하며 원하는 결과만을 도출하기 위해, 좀 더 효율적이거나 혹은 극단적인 방법론이 흥미를 끌게 되었다고 생각합니다.

학창 시절 저는 행복과 꿈을 실현하는 일에서 시대를 초월한 정답이 있을 것이라는 생각을 갖고 이상적인 방법을 고집했습니다. 시대 변화와 상관없이 본인을 중심으로 내외 상황을 폭넓게 생각하고 이해하고 실현한 행복과 꿈이야말로 진정한 실현이라 주장했습니다. 하지만 지금은 빠르게 변화하는 사회 속에서 이상적 방법만으로 꿈을 실현하기에는 시대에 맞지 않다고도 생각합니다. 가정과 학교라는 테두리에서 그려온 이상과 사회 생활을 하며 마주한 현실 사이에서 고민하며 공학 박사학위까지 취득하고, 현재는 사기업 연구원이 되었습니다. 그동안의 고민과 경험을 기반으로 인생과 행복을 바라보니 문제를 해결하는 데 학위 전공으로 다뤘던 공학적 사고가 꽤나 도움이 될 것 같다는 기대가 생겼습니다.

공학의 사전적 의미는 '수학과 과학을 기초로 공동의 안전, 건설 복지를 위해 유용한 사물이나 환경을 구축하는 것을 목적으로 하는 학문 혹은 공업 생산기술을 자연과학적 방법과 성과에 따라 개발 실천하는 응용과학'입니다. 사전에서도 말하듯 학창 시절 수학 교과서에 적힌 이해 안 되는 수많은 공식들을 공학이라 하지 않습니다.

공학이란 학문을 접하지 못했다면 생소할 수도 있지만, 행복과 공학의 관계에 대해 고찰한 사람들은 많습니다. 대표적으로 정치적 이념을 떠나 작가로서 인생과 행복을 고민했던 유시민 작가님이 분류한 글과 성장에서도 공학과의 관계를 알 수 있습니다. 글은 재능 기여도 여부에 따라 문학적인 (또는 예술적인) 글과 논리적인 (또는 공학적인) 글 두 분류로 구분할 수 있다고 합니다. 문학적인 글은 재능이 필요하지만, 재능과 상관없이 학습과 노력을 통해 논리적인 글을 잘 쓸 수 있다고 합니다.

제가 의도하는 바도 유시민 작가님과 크게 다르지 않습니다. 인생도 타고나는 인생이 있고 개척할 수 있는 인생이 있습니다. 타고나는 인생은 문학적인 글처럼 재능과 운이 필요합니다. 하지만 타고나지 않은 인생일지라도 공학적으로 학습하고 노력하면 행복한 인생을 효율적으로 개척하며 살아갈 수 있다고 생각합니다. 저는 고찰의 깊이가 훨씬 깊은 유시민 작가님과는 다른 경험을 토대로 다른 표현을 사용했을 뿐입니다.

즉, 제가 이야기하는 내용 자체는 새롭지 않은 내용이며, 저보다 훨씬 뛰어난 어느 전문가에게는 오류와 비약 등 논리가 부족해 보일 수도 있습니다. 하지만 다른 환경과 관점으로 인해 마주치게 되는 경험의 차이가 같은 시대에 살고 있는 다른 이들에게 소소하게나마 도움이 되길 바라며 공학이란 학문에 집중하여 이야기를 이어나갈 예정입니다.

제가 일본에서 박사 학위과정 중 공학이란 전공을 이해하고 사랑하게 된, 인생의 깨달음을 준 책이 있습니다. 미국의 유명한 물리학자인 리처드 파인만 교수의 『Lectures on Physics』라는 물리 교과서인데, 거기에는 '좋은 해는 좋은 방정식으로부터 도출된다'란 문장이 적혀 있습니다. 이 물리학 문장에서 사용하는 해와 방정식을 일반 생활에서 사용하는 단어로 바꾸면 이런 문장이 됩니다.

좋은 답은 좋은 질문으로부터 나온다.

저는 주관이 성립되기 이전부터 시작된 교육 과정으로 정해진 질문과 답을 주입식으로 교육받았고 이를 의심 없이 믿었습니다. 하지만 교육 현장을 벗어나 접한 세상은 배웠던 지식과 달라 괴리의 연속이었습니다. 곧, 의심 없이 믿어왔던 답들을 의심하기 시작했습니다. 저는 이 문장을 통해, 답만을 의심했을 뿐 제대로 된 질문을 해보지 않았음을 깨달았습니다. 이 깨달음을 통해 그동안 왜 질문하지 못했는지, 어떻게 해야 좋은 질문을 할 수 있는지로 제 고민을 변경했습니다. 문장을 읽었을 당시 철학 혹은 인문학에서 찾을 수 있으리라 기대했던 답을 찾기 위한 여정은 의외로 바로 뒤 챕터에서 발견하면서 끝났습니다.

> 방정식을 풀지 않고서도 해의 특성을 알 수 있을 때, 방정식의 의미를 이해하게 됩니다.

이름만으로도 청소년기의 추억과 함께 두통을 가져오는 신비한 힘을 가진 방정식을 기억하시나요? 수학 시험 문제로 접하고 답을 찾기에 급급했던 방정식의 의미를 고민하는 여정에서 이것이 제 이야기 전부를 축약한 한 문장입니다. 방정식이란 단어만 인생으로 달리 표현해보겠습니다. '인생의 문제를 해결하지 않고도 해결 방안의 특성을 알 수 있다면, 인생의 의미를 이해하게 됩니다.' 인생의 통찰을 담은 이 문장을 이해하는 데 많은 '경험' 혹은 '지식', '정보'가 중요합니다. 그리고 그 경험과 지식, 정보들 속에서 관계성을 이해할 수 있어야 합니다.

각각 따로 떨어져 있어 서로 관계없는 경험과 지식, 정보들은 자체로 의미도 없고 소중하지 않을 수 있습니다. 하지만 주체자와 환경과 서사에 따라 관계가 생긴다면 의미와 중요도가 충분히 달라질 수 있습니다. 간혹, 별로 크게 생각지 않아 간과하던 실수가 상대적으로 중요해 여러 관계를 복잡하게 만들기도 합니다. 반대로 중요하다고 생각했던 정보가 다른 정보들과 관계성이 현저히 낮아 필요 없게 될 수도 있습니다.

독자 여러분도 이런 경험을 하나씩은 가지고 있으리라 생각합니다. 많은 경험과 지식, 정보를 습득하고 관계성을 이해하기 위해 본인 몸을 움직여 직접적인 경험을 하든, 도서와 같은 매체를 통해 간접적인 지식과 정보를 쌓든 방법은 여러 가지가 있지만, 시간과 노력은 한정적이라 모든 방법을 시도해볼 수는 없습니다.

따라서, 비록 매순간 기회비용[2]이 발생할지라도 어느 한 가지를 선택하고 집중하는 수밖에 없습니다. 시간과 자원은 한정되어 있기에 우리가 할 수 있는 최선은 기회비용을 줄이면서 최대 효율을 얻을 수 있는 합리적(Reasonableness) 혹은 최적(Optimum) 선택을 고민하는 것입니다. 저는 이 기회비용을 줄이기 위해 '합리적'과 '최적'을 아우르는 개념인 효율(Efficiency)을 고민해보기로 했습니다. 공교롭게도 이 효율이라는 개념을 근본으로 다루는 학문이 제가 전공하던 공학이었습니다.

인생의 행복을 찾기 위해 제가 제안하는 여정은 주로 공학과

---

2 선택 시 발생하는 비용과 포기한 대안 중 최선책의 가치 합계

과학 그리고 수학에 기반하는 관점에 대한 이야기입니다. 그리고 관점을 제안하는 것만이 아닌 적극적인 행동 방법에 대한 고민도 다루고 있습니다. 이 책은 크게 네 개의 장으로 이루어집니다.

1장에선 제가 공학을 접하면서 생각하고 느낀 이야기들을 정리했습니다. 이 장에서 다루는 모든 학문들은 짧게 다룰 수 있는 주제들이 아니지만, 관점의 전환을 위해 일부만 다뤘습니다. 공학은 기본적으로 문제 해결 방안 도출이 핵심인 학문입니다. 즉, 문제를 바라보고 그 의미를 해석하는 일련의 과정들로 인식하고, 삶의 도구로서의 이해도 필요합니다. 이를 위해 공학을 다루지만, 문제를 풀기 위한 숫자나 연산 기호로 표현된 공식들과 이론들을 이야기하지 않습니다. 그렇다고 계산 과정이 완전히 무시되지만은 않습니다. 모든 이야기를 이해하는 데 사칙연산(덧셈, 뺄셈, 곱셈, 나눗셈) 정도의 계산은 필요합니다. 여러 계산들 중 가장 핵심은 '효율(Efficiency)=기능(Function)/비용(Cost)'입니다. 목적과 방법에 따라 학문을 나누었지만, 다루는 세상은 동일합니다. 각기 다른 학문을 통해 세상을 접할 때, 효율을 계산할 수 있거나 부가적인 요인들을 포함하여 재구성할 수 있다면 제가 의도하는 '도구'의 개념을 완벽히 이해할 수 있습니다.

2장은 이미 잘 알려진 정보와 답을 이해하기 위한 공학적 관점에 대한 이야기입니다. 이제부터 우리가 속한 이 세상의 모든 일에는 우연이 없고 과거로부터 이어진 여러 고민들이 원인이 되어 발생한 결과라 간주하고 이해하고자 합니다. 따라서 객관적으로 측정 및 평가할 수 있는 정보로 다뤄야만 하기 때문에 전 세계 공통어인 숫자와 단위를 이용할 예정입니다. 우리가 접하는 모든 정보들을 일련의 숫자와 단위로 기술해두면, 그 자체로 순서와 같은 관계가 생깁니다. 그 관계를 정리하면 청소년기 수학을 포기하게 만들었던 단원인 함수가 됩니다. 함수를 그려놓고 퍼즐처럼 이리저리 돌려볼 생각입니다. 학생 때는 그렇게 재미없고 어려웠던 함수가 제 이야기로 인해 '보드게임'같이 느껴진다면 저는 정말 행복할 듯합니다.

3장은 우리가 알아낸 관계에 신뢰성을 향상시킴으로써 알 수 없었던 사실들과 미래를 유추할 예정입니다. 행복이란 단어가 제목으로 적힌 도서를 선택한 이유는 행복을 찾고자 하는 의지가 있었기 때문이라 생각합니다. 은연중에 유추하는 가정이 얼마나 신뢰성이 있는지 혹은 미래에 내가 어디로 가고 있는지 알아보고 싶은 마음은 누구나 다 가지고 있습니다. 저 또한 해당 요구가 동력원이 되어 신학, 종교학을 넘어 인문학 그리고 지금 다루려하는 공학까지 이르게 되었습니다. 공학의 또 다른 목적은 경험하지 않은 사실들의 정확한 유추입니다. 유추한 바를 더욱 정교하게 만드는 공학 분야를 품질 제어라 하며, 의도대로 바꾸기 위한 분야가 공학 연구입니다. 수학이나 과학에서 다루는 툴을 이용해 유추하면 더욱 효율적이겠지만, 이 책에 기재하는 흐름만 이해해도 행복을 찾는 데 많은 도움이 되리라 기대합니다.

마지막 장인 4장은 모든 내용을 토대로 행복 방정식을 간단히 도출했습니다. 현재까지 알고 있던 내용들을 정량적인 방정식으로만 바꾸었기에 도출한 방정식의 의미가 진부하다고 느낄 수도 있습니다. 아마 이미 답을 알고 있기에 진부함을 느꼈을 것입니다. 다만, 답에 대한 대부분의 표현은 정성적이었을 것입니다. 저는 이 정성적인 표현을 공학 도구인 숫자와 단위를 사용해 정량적으로 표현한 것이 전부입니다. 따라서 정성적으로 이해했을 관계를 좀 더 정량화된 관계로 이해함으로써 행복한 인생을 위해 구체적이고 명료한 미래 계획을 세울 수 있으리라 기대합니다.

부록은 본론에 기재한 수학과 과학, 공학 내용을 좀 더 깊게 이해할 수 있도록 도움을 드리고자 필요한 내용만 정리했습니다. 이번 기회에 중고등 교육 과정에서 배웠던 지식이 살아가는 데 얼마나 유용한 지식이었는지, 또한 전혀 관계없을 것만 같았던 행복한 인생과도 관계가 있었음을 알게 되면 좋겠습니다.

기존의 철학 및 인문학에 기반한 고민에 만족하지 못했던 독자 여러분께 실질적인 도움이 되길 바라며, 공학의 이론과 논리를 가지고 고민한 내용을 정리해보았습니다. 공학이라는 관점을 주제로 약 300쪽에 달하는 분량의 도서로 길게 정리했지만, 앞서 말한 바와 같이 마지막 장을 덮을 때의 첫 느낌이 진부함이길 바라봅니다.

즉, 행복을 얻는 방법을 예전부터 알고 있었으며, 심지어 공학적 관점 또한 이미 지니고 있었음을 상기하길 바랍니다. 이미 알고 삶에도 적용하고 있었는데 세부적인 기법(디테일) 요소들의 정량화가 조금 부족했을 뿐입니다.

행복을 얻는 방법이란 절대적이지 않습니다. 시대나 개인적 환경에 따라서 항상 변화하기에 그 변화 속에서 끊임없이 찾아가야만 얻을 수 있습니다. 그 험난한 여정 속에 제 고민의 발자취가 작은 도움이 되길 바랍니다.

행복 공학자를 꿈꾸며

허용강 공학연구원

PART 1

공학자가 바라보는 세상

1장

행복을 찾기 위한 공학적 여정의 시작

나의 파랑새는
어디에

'행복을 찾기 위해 헤맸지만, 행복은 의외로 가까운 데 있었습니다.' 행복은 멀고 험한 곳에 있지 않고 우리 가까이에 있으니, 조금의 노력만으로 쉽게 얻을 수 있다고 합니다. 대표적인 이야기가 벨기에 극작가 모리스 마테를링크가 창작한 희곡 「파랑새」입니다. "틸틸과 미틸 남매가 크리스마스 전야에 파랑새를 찾아 헤매는 꿈을 꾸다가 깨어난 후 자신들이 기르던 비둘기가 파랑새였음을 깨닫는다"는 내용으로, 파랑새는 행복을 뜻하며 그 행복은 가까이에 있음을 주제로 다룬 작품입니다. 더 나아가 소중한 것은 언제나 평범한 것들이며 그 평범한 것들이 행복임을 말해줍니다.

행복에 대해 널리 알려진 다른 이야기로는 세잎클로버의 꽃말이 있습니다. 주위에 흔히 보이는 클로버는 작게는 몇 천 개에서 크게는 몇 만 개의 줄기로 이루어져 있으며 일반적으로 그 줄기에서 세 개의 잎이 납니다. 간혹 네 개의 잎을 지닌 클로버가 있는데, 이를 행운의 상징으로 여기곤 합니다. 많은 사람들이 행운의 상징인 네잎클로버만 찾으려고 관심과 시간을 쏟고, 네잎클로버와는 다르게 매우 많이 피어 있는 세잎클로버는 그저 골라내기 위한 방해물로 취급합니다. 그런데 이렇듯 네잎클로버와는 다르게 소외받는 세잎클로버의 꽃말은 행복입니다. 이처럼 행복에 관련한 이야기들을 찾아보면, 대부분 그것이 우리 가까이에 늘 있었지만 눈치채지 못하거나 관심 밖에 있음을 알려줍니다.

세잎클로버처럼 아주 가까이, 지천에 널려 있는 게 행복인데 왜 막상 찾으려 하면 네잎클로버보다 더 찾기 어려울까요? 늘 옆에 있어서 부재를 느껴야만 알 수 있는 존재이기 때문이라 생각합니다. 이는 마치 태어나면서부터 숨쉬었기에 존재조차 고민해보지 않았던 공기처럼 보입니다. 공기는 우리가 살아가는 데 가장 필요한 행위인 숨을 쉬게 해주지만, 눈에 보이지 않는 특징 때문에 17세기에 이르러서야 과학적으로 증명하고 성분을 밝히는 것이 가능해졌습니다. 행복 또한 존재 자체는 고대부터 알고 있었지만, 공기와는 다르게 여전히 명확하게 정의되지 않습니다. 그렇기에 행복의 부재를 느끼고 찾고자 하는 시도가 지금도 지속되는 것이지요.

당장 인터넷 검색창에 '행복을 찾는 법'을 입력해보면, 724만 개의 검색 결과가 도출됩니다. 눈에 보이는 방법 중 일부를 열거하자면, '잃었던 행복을 되찾는 방법', '불확실한 시기에 행복을

행복 알고리즘

찾는 7가지 방법', '일상에서 행복을 찾는 방법', '숨은 행복을 찾는 두 가지 방법', '자기 내면 속에서 행복함을 찾는 법' 등과 같이 여러 상황들을 한정하면서 행복을 찾는 방법들이 나타납니다. 검색 결과 수만큼 많은 사람들이 제각기 다른 표현들로 의미 있는 내용들을 담고 있습니다. 행복에 대한 다양한 이야기들이 존재함은 언뜻 보기에 답이 있을 듯하지만 실상은 도리어 그 반대라는 것을 보여줍니다. 여전히 명확한 답이 없기 때문에 답을 찾고자 하는 시도가 지속되는 상황이지요.

따라서 과학적인 접근으로 공기 성분을 밝혔듯이 행복도 어떤 성분으로 구성되어 있는지 고민해보았습니다. 공기 같은 물질은 화학적 혹은 물리적 결합을 기준으로 분석합니다. 행복 같은 개념도 어떠한 요인들과 결합 혹은 관계되어 있는지 분석하여 구성을 추정할 수 있으리라 생각합니다. 따라서 행복을 느끼게 하는 요인으로 구성을 찾아본다면, 행복의 정의부터 상이하며 개인마다 행복을 느끼는 요인들이 다르기에 그 수가 헤아릴 수 없을 정도로 많이 나옵니다. 하나 하나의 요인을 해석함도 좋지만, 구성요인을 구분할 기준을 정해서 좀 더 간단하게 정리해보고자 했습니다. 결과적으로 저는 행복을 바라보는 관점을 기준으로 구분했습니다. 행복을 느끼는 주체를 기준으로 안팎으로 보면 이분법으로 나눌 수 있습니다.

먼저 본인을 기준으로 내면의 주관적 인식이 강하게 작용하는 '개인적 관점'과 외부 시스템의 객관적 이해가 강하게 작용하는

'사회적 관점'으로 정리했습니다. 그리고 행복에 대한 개인적 관점은 다시 감정 현상과 생리 현상으로 나눌 수 있습니다. 행복을 느끼는 감정은 이미 익숙하게 알고 있는 현상으로 설명되며 기쁨과 만족, 평온함 등의 감정을 포함하거나 혹은 동일한 감정 상태입니다. 이러한 감정의 원천은 기쁨, 만족, 평온함 혹은 다른 요인 등과 같이 지극히 주관적이기에 객관적인 지표로 다루기 어려웠습니다. 그나마 최근 의학 기술과 분석기기들의 발전으로 행복을 느끼는 감정들과 호르몬의 인과 관계가 밝혀지고 있습니다.[1] 즉, 개인적 관점의 감정과 생리 현상은 하나로 연결되고 있으며, 생리학적 해석으로 좀 더 과학적인 접근이 가능해지고 있습니다.

이어서 설명하는 관점은 여러 사람들의 약속으로 이루어진 사회적 관점입니다. 어느 지식에 대한 사람들의 합의된 약속은 학문으로 발전했기에, 결국 사회적 관점이란 각기 발전한 학문에 따라 객관적 설명과 세분화가 가능합니다. 모든 학문의 목적은 궁극적으로 인간과 세계에 대한 더 깊은 통찰과 조화로운 삶을 추구합니다. 따라서 각 학문이 추구하는 목적과 방법론을 이해하고자 한다면, 그 과정 중 행복에 대한 성분들을 찾아낼 수 있습니다. 예시로 종교학에서는 행복을 신이 주는 선물로 설명하며, 철학에서는 그것이 자신이 설정한 목표와 가치, 관계, 환경 등에 대한 성취 혹은 달성과 동일시됩니다. 기타 학문에서도 각각의 관

1 　도파민, 세로토닌, 옥시토닌, 엔도르핀 등

점으로 행복에 대해 해석하고 행복한 삶을 살아가기 위한 방법들을 제시합니다.

특히 공학이라는 학문에서는 과제(Project)의 목적과 목표를 행복과 동일시하는 경향이 있으며, 달성을 위해 효율화(Efficiency)[2]와 최적화(Optimization)[3]란 방법을 권장합니다. 효율과 최적은 공학에서 가장 중요한 키워드입니다. 물론 목적과 목표의 진정한 의미도 중요하고 고행이 수반된 노력의 가치도 중요합니다. 하지만 빠르게 변화하는 환경 속에서 힘겹게 살아가는 현대인들은 모든 과정을 생략하고 최종 해결 방안 혹은 결과만을 원하는 경우가 많습니다. 저는 이 두 가지의 타협점이면서도 개인 감정의 이해까지 포함하는 적합한 해결방식이 '공학'이라고 생각합니다.

제가 제안하는 공학적 방식을 활용한 행복 찾기에서는 행복의 정의를 비롯해 행복을 구성하는 각 요인들과 도달점을 '단위를 갖는 숫자'로 정량화하는 것이 가장 중요한 핵심입니다. 다음, 목적한 행복에 관련된 항목들을 정렬하여 둘 이상의 요인 사이 영향도를 알아내면 끝입니다. 물론 간단하지는 않습니다. 하지만 이 책에서 서술하는 공학이라는 학문을 하나의 도구로 사용할 수 있을 만큼 이해하게 된다면, 인생에서 행복을 찾거나 만들어내는 데 꽤 유용하리라 생각합니다.

---

2   들인 시간 혹은 노력, 힘에 비해 얻은 결과의 값을 크게 만듦
3   지정된 조건 혹은 상황에서 주어진 함수(기능)를 가능한 최대 또는 최소로 하는 일

파랑새는 노력과 열정으로 찾을 수 있지만, 공학적으로도 찾을 수 있습니다.

행복 알고리즘

행복을 찾기 위한 첫 번째 준비물
: 공학

아직은 아리송한 공학의 정의를 알기 위해 사전을 찾았습니다. 공학은 '산업(Industry)의 이론 및 기술, 생산 등을 연구하는 응용과학'이라고 합니다. 그리고 '공학을 전공한다'란 행위는 '건축, 에너지, 이동수단, IT 등 산업 전반에 걸친 여러 문제들을 해결하기 위한 여러 가지 방법론이자 구체적인 결과물 도출'을 의미합니다. 따라서 공학은 과거부터 현재까지 이어져 산재된 문제들이나 향후 발생 가능성이 있는 문제들에 대한 해결 방안을 고민하고 이끌어내기 때문에 우리의 삶과 환경을 더 나은 방향으로 만들어 주는 학문이라 할 수 있습니다.

하지만 공학의 사회적 역할과는 별개로 공학과 관련이 먼 사람들이 갖는 공학을 설명하는 단어는 '복잡', '어려움' 등과 같은 표현입니다. 특히 지인들로부터 듣는 전공 학생의 과중한 학업과 연구원들이 겪는 업무 부담의 경험담이 부각되면서 어려운 학문이라는 이미지가 강하게 자리 잡고 있습니다. 따라서 공학을 오랫동안 공부하고 업으로 삼고 있는 사람들은 전문 지식과 체계적인 접근 방식과 같은 기술을 가지고 있고, 그 전문 지식을 바탕으로 문제를 해결하는 전문가로 여겨지는 경우가 많습니다.

그러다 보니 공학에 대한 이해를 돕기 위해 연구원들에 대한 인식을 조사해보면 '기술과 실용 중심', '미래 지향적인', '전문성과 권위의 상징', '남성 중심' 등과 같은 표현들로 설명됩니다. 예로 들은 표현은 실제로 공학과 연구원에 대한 설명을 잘 해주고 있지만, 투박함 및 힘의 논리와 유사한 의미를 가진 '남성 중심'이란 표현만큼은 최근 희미해져가고 있습니다.

유럽과 미국 같은 선진국은 일찍이 공학이란 학문에 대한 체계를 갖추었지만, 한국의 경우는 이들에 비해 교육 역사가 짧고 제법 근래까지 남녀 간 불평등이 있었기에 남성 중심적인 이미지가 강했습니다. 하지만 지금은 여성의 인권신장과 함께 여성 공학자들도 많이 늘고 있기에 이는 공학에 대한 가장 대표적인 오해 중 하나입니다. 즉, 남성 중심이란 오명은 공학의 특성 때문이 아닌 사회 분위기에서 기인했던 오해였습니다.

사회적 인식보다 객관적인 설명을 위해 저명한 학자들이 저마다 정의한 공학에 대해서도 설명하겠습니다.

'공학이란 기술적 문제를 발견하고 기술적 해결책을 제시하는 학문이다.'[1] '공학은 과학적이고 잘 조직된 지식을 현실적인 문제 해결에 체계적으로 적용하는 것이다.'[2] '공학은 기계류와 관련된 하드웨어나 소프트웨어를 포함할 수도 그렇지 않을 수도 있는 것으로서, 어떤 특정한 과제를 수행하는 데서 요구되는 실천적인 문제 해결 기법이다.'[3] '공학은 기계적 생산품 또는 발명품 이상의 체계적 사고의 과정이며 방식이다.'[4] '과학 기술의 진화를 측정(Measurement) → 모델링(Modeling) → 조작(Manipulation)의 3단계로 구분한다면, 측정 단계를 과학의 탄생으로 정의할 수 있으며, 조작 단계를 공학으로 정의할 수 있다.'[5] '과학은 연구하여 문제를 발견하고, 공학은 개발하여 문제를 해결하는 것이라 생각하며 과학과 공학은 상호보완적인 관계이다.'[6]

이 외 유명한 학자들이 다양한 관점으로 설명한 내용을 종합하면, '문제를 해결하는 데서 수학이나 과학을 포함한 타 분야 지식을 응용하는 학문'으로 정리할 수 있습니다.

공학을 이해하기 위해 공학의 사전적 의미와 사회적 인식 그리고 학자들이 정의한 공학을 정리했습니다. 이를 토대로 공학이란 학문을 '이해해서 기억하고 있어야 할 지식'이 아니라 문제 해결 혹은 목적한 바를 쟁취하기 위한 하나의 '방법론'으로 설명할 수 있습니다. 공학 앞에 붙은 단어를 이용하여 문제를 해결하거나 삶의 편의를 추구함이 공학입니다. 따라서 우리가 쉽게 접하는 일상 생활에서부터 최첨단 학문까지 해결해야 할 이슈들이 있는 곳이라면 어디에나 공학이라는 단어가 붙을 수 있음을 쉽게 찾아볼 수 있습니다.

역사가 제법 오래된 고전적인 공학에는 기계공학, 화학공학, 전자공학, 재료공학들이 있습니다. 최근에는 기술발전에 따라 양자공학, 인공생명공학, 지능형 로봇 공학 등과 같은 하이테크 기술에 기반한 공학도 생겨났으며, 심지어 수학이나 과학, 기술에 관련이 없고 도리어 일반 생활에 관련 깊은 산업공학, 식품공학, 예술공학 등이 신설되었습니다.

이처럼 여러 학문에 공학이 접목되기도 하는데, 1950년대 미국의 유명한 심리학자인 벌허스 프레드릭 스키너(Burrhus Frederic Skinner) 박사가 인간의 행동을 외적 조건으로 통제할 수 있다는 가정 아래 가장 적합한 강화 방안을 마련하려는 사고방식을 기반으로 행동 공학(Behavioral Engineering) 혹은 심리 공학(Psychological Engineering) 분야를 발전시켰습니다.[7] 꿈이나 행복 같은 개념은 수학과 과학보다는 철학이나 심리학 쪽에 더 가까웠지만, 심지어 심리학에서도 공학이 접목되고 있음을 알 수 있습니다. 이렇듯 타 분야 지식을 응용하여 문제를 해결하는 방법은 공학적이라고 칭해도 크게 무리가 없을 듯합니다. 이와 같은 논리로 행복을 찾기 위한 공학도 고민해볼 수 있다고 생각합니다.

공학은 문제를 해결하기 위한 체계적 시스템입니다.

행복을 찾기 위한 두 번째 준비물
: 수학

앞서 언급한 바와 같이 우리가 사는 이 시대에는 공학에 접해 있는 사물이나 환경이 무수히 많습니다. 일반인에게도 이미 잘 알려진 대표적인 공학에는 제품 성능을 향상시키기 위한 기계공학, 전자공학 같은 것들이 있습니다. 제품이 아닌 환경이나 시스템 같은 체제, 조직, 제도 등을 향상시키기 위한 환경공학, 시스템공학도 있습니다. 이외에도 무엇인가를 논리적으로 혹은 체계적으로 향상시키는 기술이 접목되는 과정이 있다면 예전과 달리 이질 감 없이 공학이라는 단어가 붙습니다. 저는 행복도 공학과 함께할 수 있으리라 생각합니다.

하지만 이러한 상황과는 다르게 공학이라는 단어가 붙으면 곧바로 수학과 과학이 떠오르며 어렵고 난해한 감정을 느끼기도 합니다. 게다가 세상이 발전함에 따라 수학과 과학 수준이 더욱 높아질 것을 알기에, 과거보다 현재가, 현재보다는 미래의 수학과 과학의 난이도가 더 높아질 것을 예상하리라 생각합니다. 따라서 행복을 공학 관점으로 다루기 위해서 수학과 과학으로부터 오는 두려움을 타파해야만 합니다. 우리는 왜 수학과 과학을 기피하게 되었는지 고민해보았습니다.

수학과 과학을 어렵게 만드는 가장 큰 이유는 자아 정체성이 형성되는 청소년기에 중요하게 접하는 필수 교육 과정 중에 있다고 생각합니다. 한국 교육 연구 보고서에 따르면, 교육 과정에서 수학을 포기하는 학생 반 이상은 문과와 이과 중 하나를 선택해야 하는 중학 교육 과정 중에 수학을 포기한다고 합니다.

보고에 따르면 표면적으로 보이는 포기는 중학 과정 중이지만 실질적인 수학 포기 시점은 초등 3년 분수 개념을 학습하기 시작할 때부터라고 합니다.[8] 한국 교육 과정 중 기본 교육 과정인 초등, 중등, 고등 교육에서 다루는 과목들이 여럿입니다만, 교육 과정 특성상 대학입시를 위한 5과목(국어, 영어, 수학, 사회, 과학)이 주요 과목으로 취급됩니다. 제가 생각하는 가장 유력한 포기 원인은 초등학생 3년 과정까지 접했던 타 과목(학문)에 비해 한순간 급격하게 넓어지는 '객관적인 약속'의 범위입니다.

과목별 난이도를 평가하고 판단하는 기준은 세상 어느 누구도 동일한 판단을 내릴 수 있도록 정한 '지식의 객관성'입니다. '한국어' 역시 수학과 과학처럼 객관적인 지식을 기본으로 합니다. 하지만 언어에 적용되는 객관화된 지식을 좀 더 들여다보면, 모든 사람들이 일률적으로 완전히 동일하게 이해한 약속은 자음과 모음의 형태와 발음 그리고 단어 구성 정도입니다.

그나마 영어와 같은 구조적인 언어[4]는 문법까지 정형화되어 있지만, 조사로 품사를 정할 수 있는 한국어[5] 경우에는 일상 생활에서 문법을 정확하게 맞춰 사용하는 경우가 드뭅니다. 심지어 사회에서 규정하는 표준어가 있음에도 불구하고, 시대 혹은 지역별로 단어의 의미나 발음을 상이하게 사용하기도 합니다. 이렇게 한 언어에서 통용되는 표현의 다양성은 정확한 정보를 전달하는 데 방해가 됩니다.

그럼에도 불구하고 객관화된 지식이라고 착각할 수 있는 이유는 오랜 시간 동안 구축된 이해관계 때문입니다. 실제로 가족이나 친한 친구같이 마주하는 몇몇 사람들과 이해관계만 잘 구축해 둔다면 정확한 언어를 구사하지 않아도 기본적인 의사소통 정도는 아주 쉽게 진행할 수 있습니다.

이처럼 한 생명이 무지 상태로 태어나 사회 구성원으로 역할을 하기 위한 최초의 교육은 언어이며, 한국 교육 과정에 접목되는 과목은 한국어입니다. 게다가 이 언어는 가정에서 부모와 자식 간에 사랑이란 감정을 기반으로 소통하던 정보였기 때문에 정보 전달의 정확성보다는 대부분 주관적 감정에 의해 통용됩니다.

---

4   영어는 문장 구조가 5개로 구분되어 있으며, 각 구조에 맞는 품사가 정확히 들어가지 않으면 의미 전달이 어렵다.

5   한국어는 조사 사용으로 품사가 결정되기 때문에 문장 내 위치에 상관없이 의미 전달이 가능하다.

즉, 객관적인 지식으로 보였던 언어는 실제로는 객관적인 약속의 구속력이 그리 강하지 않기에 비교적 쉽게 다룰 수 있습니다. 하지만 성인이 되어가면서 접하는 사회 범위가 넓어지기 시작하면 언어의 객관성이 허물어지고 주관적인 차이가 극명하게 보이기 시작합니다. 이 깨달음까지 걸리는 시간은 한국 사회 기준으로 볼 때, 고등학교에서의 의무 교육 종료, 대학 생활의 시작 혹은 성인으로서 독립 등의 시기가 됩니다. 즉, 태어나자마자 주관적인 이해를 기반으로 줄곧 익히고 사용하다가 객관적 사용이 절실해지기 시작할 때까지의 시간이 적어도 20년이 소요됩니다.

반면에 수학과 과학은 언어에 비해 부모님이 특별한 관심을 갖지 않는 한 초등학교에 진학하면서 접하는 과목입니다. 아무리 빠른 선행 학습이라 할지라도 언어로 배워야 하기에 언어보다 빨리 접할 수 없습니다. 그런데 주관적인 해석이 가능한 언어와는 다르게 수학은 지구 반대편뿐만 아니라 천년 전과 후의 사람들에게도 전달자의 의도대로 완벽히 객관적으로 통용할 수 있는 약속으로 이루어진 지식입니다.

즉, 이전에 학습하던 언어 지식과는 다르게 다루는 모든 지식에 대한 정의(Definition)가 명확하게 정해져 있습니다. 게다가 기본 문자 몇 개 익히고 그 조합에 따라 의미를 부여하는 사회 체계인 언어보다, 수학은 익혀야 할 방법들이 비교가 안 될 만큼 범위가 넓고 난이도도 높으니 그 정보들을 한번에 받아들이기 어려운 것은 당연합니다.

또한, 수학이란 새롭지만 어려운 지식을 습득해야 할 학생에게 이해와 적용에 대한 보상이 시험 성적이라는 숫자뿐으로 단순하며 획일화되어 있습니다.

실질적으로 수학을 제일 많이 포기하는 초등 3학년 때의 언어지식은 학생에게 본인이 원하는 바를 어른에게 명확하게 설명하고 설득하는 데 도움이 되며, 설명과 설득 과정에 사용하는 언어의 논리와 품격 등을 향상시켜줍니다. 이에 비해 수학은 높은 시험 성적 혹은 마트에서 빠른 잔돈 계산 외에는 별달리 보여줄 성과가 없습니다. 게다가, 아쉽게도 마트에서 잔돈 계산 같은 단순 계산은 사람의 머리보다 바코드와 계산기가 월등히 빠르고 정확합니다.

과학은 수학을 기반으로 공부해야 하는 과목이기에 수학보다 이해가 더욱 어렵습니다. 그리고 이와 같은 상황은 학년이 높아질수록 더욱 심화됩니다. 초등 과정 중에 배우는 수학의 사칙연산 정도까지만 알아둬도 살아가는 데 크게 불편하지 않은 것이 현실입니다. 중등 교육 과정 때 배우기 시작하는 유리수[6]는 환전 같은 화폐 계산 외에는 취급할 일이 없으며, 이후에 배우는 방정식이나 함수 같은 지식들은 실생활에서 다뤄지는 상황이 거의 없습니다. 중등 수준의 수학만 해도 활용성이 낮은데 이보다 더 어려운 고등 수학의 필요성은 아이러니하게도 고등 수학보다 수준

---

[6] 유리수(Rational Number): 정수와 분수로 구성된 실수

이 더 높은 대학 수학과 과학을 이해하는 데만 있습니다. 이렇듯 학습 난이도에 비해 인생에 도움 되는 정도는 낮기에, 이것이 수학과 과학을 포기하게 만드는 큰 이유라고 추측합니다.

그런데 역설적이게도 수학과 과학이 필요한 이유는 포기한 이유와 같습니다. 수학과 과학적 사고력은 정보를 다루는 일에서 지구 반대편의 사람 혹은 수만 년 뒤의 사람에게도 동일한 내용을 설명하고 설득할 수 있게 구성된 '객관성'을 가지고 있기 때문입니다. 따라서 수학과 과학에 기반한 논리 전개는 시대와 지역을 초월해 항상 완벽함을 향상시켜 나아갈 수 있으며, 부족함을 찾거나 보완하는 노력은 창의력을 향상시키는 데 큰 역할을 할 수 있습니다. 또한, 수학 수준이 높아질수록 더 높은 수준의 상황을 해석하고 분석하는 능력을 함양할 수 있습니다.

수학은 시스템을 효율적으로 운영하기 위한 세상에서 제일 객관적인 매뉴얼입니다.

행복을 찾기 위한 세 번째 준비물:
정보의 진실성

연구원들은 고민한 결과를 공유하는 방법으로 논문(Paper)을 작성하고 발표합니다. 논문에 정리한 결과는 신뢰성 검증을 위해 유사한 연구를 진행하는 다른 연구원들이 평가(동료 평가, Peer Review)하여 세상에 알려지게 됩니다. 이렇게 세상에 알려진 연구 결과는 유사한 연구를 진행하는 다른 연구원의 시간과 열정, 자원을 절약해주며, 해당 결과를 참고 삼아 바로 다음 연구를 진행할 수 있도록 직접적인 도움을 줍니다.

따라서 결과를 도출하는 데 상대적으로 많은 자원을 투입한 연구나 결과와 해석이 더 심오하고 의미 있는 연구 논문은 다른 연구에 큰 도움이 됩니다. 연구자들은 이런 도움의 영향도를

여러 지수[7]를 만들어 평가합니다. 《네이처(Nature)》와 《사이언스
(Science)》는 연구 결과의 질이 높아 영향도 지수가 높은 대표적인
전문 학술지입니다. 모든 연구원들은 과학 기술의 발전 혹은 타
연구에 도움이 되길 바라는 마음이 담긴 논문을 보면서 본인들
연구에 참고하고 있습니다.

하지만 아쉽게도 몇몇 연구원들은 연구 본연의 목적보다 개인
명성이나 경제적 이득을 쫓기도 합니다. 이들이 그릇된 작성 목
적으로 조작된 내용을 포함하여 출간한 논문은 부정적인 파급 효
과를 만들어냅니다. 거짓된 결과를 참고하게 되면, 당연히 계획
된 후속 연구 결과와는 다른 결과를 얻게 됩니다. 이런 경우 연구
원은 참고한 결과와 직접 진행한 결과 중 신뢰할 만한 결과를 선
택해야만 합니다.

대부분의 연구원은 참고한 논문이 사회적으로 인정받았음을
알기에 처음부터 참고한 논문을 의심하긴 쉽지 않습니다. 그렇기
에 계획했던 연구를 재시도하게 됩니다. 이렇게 몇 번 재시도하
다 보면 본인의 데이터가 축적되면서 신뢰성의 기울기가 바뀌게
됩니다.

이쯤 되면 그동안의 노력이 헛수고가 되었음을, 그 노력을 계
획부터 다시 재설계해야 함을 슬픈 마음으로 알게 됩니다. 즉, 그

---

7 impact factor, eigen factor, article influence score가 있으며, 각 지수를 집계하는 방식은
조금씩 다르지만, 해당 논문에 기재된 연구 결과가 다른 연구 결과를 도출하는 데 어느 정도
의 도움이 되는지를 숫자로 보여주는 지표

동안의 노력이 헛수고가 된 상황에 직면하게 됩니다.

그동안의 노력을 헛수고로 만든 거짓의 영향력을 공학적으로 이해하기 위해서는 '효율'이라는 개념을 인지해야 합니다. 더욱 심도 있게 이해할 수 있도록 수학 공식으로 표현하면, '효율(Efficiency)=기능(Function)/비용(Cost)'입니다. 기능이란 본래 제품의 구실이나 능력을 의미하기도 하지만 목표한 결과로 해석해도 무방합니다. 그리고 기능을 향상시키기 위해 투입하는 재화뿐만 아니라 인력의 시간과 노력도 비용으로 간주됩니다.

따라서 거짓된 연구를 참고함으로써 원하는 기능이 발현되지 않는 것도 효율을 떨어뜨리지만, 해당 결과를 얻기 위해 투입한 비용 또한 의미 없이 버려지게 되면서 이중으로 효율을 감소시키게 됩니다.

본래 연구하던 기술의 기능을 향상시키고 비용을 절감하는 방안을 모색함도 중요합니다. 하지만 연구 효율성을 향상시키기 위해서 알려진 정보의 거짓을 알아내는 방법 또한 중요합니다.

저는 거짓을 판단하기 위한 첫 단계로 우리가 접하는 거짓을 주체자의 의도 여부에 따라 '의도 없는 거짓'과 '의도가 담긴 거짓' 이렇게 두 가지로 나누어보았습니다. 먼저, 의도 없는 거짓을 다루기 위해 '아무리 많이 알고 있는 천재라 할지라도 모든 지식을 다 알고 있을 수는 없다'란 사실을 공리[8]로 다뤄야 합니다. 이

---

8 수학 및 논리학에서 증명 없이 자명한 진리로 인정하며, 다른 명제를 증명하는 데 전제가 되는 원리

공리가 인정된다면, 거짓은 미처 발견하지 못한 논리의 결함으로 해석할 수 있습니다.

이는 화자나 청자 모두 한정된 조건에서 도출된 결과임을 이해하기 때문에 조건이 다른 상황에서의 결과는 바뀔 수도 있음 또한 암묵적으로 이해하게 됩니다. 따라서 의도 없는 거짓은 추후 연구에서 확인하고 재평가받을 여지가 남겨진 오류로서 연구계에서는 순기능으로 작동합니다. 도리어 탐구해야 하는 방향을 알게 되었으니, 자연스레 나아가야 할 방향이 제시됩니다.

이에 비해 의도가 담긴 거짓은 화자가 한정된 조건 혹은 결과의 진실을 임의적으로 바꾸는 행위입니다. 정보를 받아들이는 청자 입장에서는 조건에 거짓이 있었는지, 혹은 결과에 거짓이 있었는지를 알 수 없기 때문에 화자의 의도와 왜곡된 내용을 눈치챌 때까지 해당 거짓을 믿고 투입한 후속 노력이 가장 먼저 부정됩니다. 그리고 거짓 내용을 재확인하는 노력부터 다시 해야 합니다. 앞서 말한 바와 같이, 단 한 번의 거짓에 속은 시점부터 그에 연계된 일련의 결과들을 재확인하는 모든 노력까지 합하면 연구 효율은 최소 두 배로 낮아지게 됩니다. 그리고 이 거짓말을 탐지하는 것이 두 번 이상으로 늘어날수록 효율은 배수로 감소됩니다.

안 그래도 짧은 인생에 노력의 효율을 증가시키기도 어려운데, 거짓말로 인해 감소되는 효율을 방지하는 편이 더 나은 방법임을 알게 되었습니다. 이제부터 본격적으로 일상에서 접하는 정보의 진실과 거짓을 구분하는 방법으로 수학과 과학 지식에 기반한 공학을 활용할 계획입니다.

무엇보다 접하고 있는 정보의 진실과 거짓을 구분함이 먼저입니다.

도구를 사용하는
지적 생명체

'장인은 도구를 가리지 않는다'라는 말은 진정한 실력의 힘을 강조하는 멋진 표현입니다. 그러나 이 격언이 모든 사람에게 곧바로 적용되는 것은 아닙니다. 보통 사람에게 도구의 선택과 성능은 결과를 좌우하는 핵심 변수로 작용합니다. 특히 근래에는 고도화된 도구들이 대중화되면서, 비전문가도 적은 시간과 노력으로 전문적인 수준에 근접한 성과를 내고 있습니다.

대표적인 사례가 카메라의 진화입니다. 2000년대 초반까지만 해도 사진은 빛과 노출, 구도와 색감에 대한 깊은 이해, 그리고 복잡한 장비 운용 능력이 요구되었습니다. 하지만 스마트폰과 네트워크, 비디오 촬영, 그리고 인공지능[9] 보정까지 결합되면서, 이

---

9 AI(Artificial Intelligence): 인간의 지적 능력을 컴퓨터로 구현하는 과학기술

제는 누구나 손쉽게 고품질 이미지를 만들 수 있게 되었습니다. 이 변화는 사진가와 보정 디자이너의 일부 영역을 축소시키는 동시에, 도구가 인간의 능력을 증폭하는 방식을 분명히 보여주었습니다. 따라서 오늘날 개인에게 적절한 도구의 선택과 숙지는 선택이 아니라 필수라고 할 수 있습니다.

도구의 영향력은 인류의 명칭과 계보에서도 확인됩니다. 호모 하빌리스(Homo Habilis, 손을 쓰는 사람), 호모 사피엔스(Homo Sapiens, 슬기로운 사람) 등은 인간을 도구와 지성의 결합체로 규정해왔습니다. 지구는 약 45억 5천만 년 전에 형성되었다고 추정되며, 약 400만 년 전 오스트랄로피테쿠스(Australopithecus, 남방의 원숭이)가 등장한 이후, 불의 사용과 뗀석기의 확산은 인류의 생존력을 비약적으로 끌어올렸습니다. 불은 밤의 시야 확보와 체온 유지, 조리와 위생을 가능하게 하였고, 돌과 금속의 가공은 무기·그릇·도구라는 형태로 생존을 체계화했습니다. 이어 기원전 3,500년경 청동기가 보급되고 쐐기 문자가 등장하면서, 문명은 단순 생존을 넘어 생활과 문화, 지식의 고도화를 향해 나아갔습니다. 이 시기부터 슬기로움은 종교와 철학, 수학과 과학, 사회와 역사 같은 학문 체계로 축적 및 전승되기 시작했습니다.

문명의 효과는 인구의 폭발적 증가에서도 드러납니다. 추정치에 따르면, 문명의 기점으로 보는 기원전 4000년에는 약 700만 명이던 인구가 기원 1년에는 약 1억 7천만 명으로 늘었고, 이후 2020년에는 약 78억 명에 이르렀습니다. 상대적으로 짧은 문명의 시간 동안 인구가 급증했다는 사실은, 지식과 도구가 인간의 생존과 생활 역량을 얼마나 크게 증강시켰는지 보여주는 강력한 지표라 하겠습니다. 동시에 지식의 종류와 양이 폭발적으로 증가하면서, 이를 바탕으로 한 도구 역시 종류·정밀도·지능성 면에서 비약적으로 발전했습니다.[9, 10]

이 과정에서 공학의 위치는 점점 분명해졌습니다. 통설에 따르면 공학은 18세기에 이르러 토목공학과 기계공학을 중심으로 체계를 갖추었지만, 실제로는 고대부터 철학과 자연학, 수학과 기술의 경계에서 현실 구현의 방법론으로 작동해왔습니다.[11] 다시 말해 공학은 각 학문이 제시한 원리를 현실에 적용하여 자원과 에너지를 가치로 변환하는 체계라고 정의할 수 있습니다.

석기, 청동과 철을 거쳐, 화학·전자기·핵에너지의 이해와 변환 기술이 더해지고, 오늘날에는 디지털과 네트워크, 인공지능까지 통합되면서 도구는 '지능형 시스템'으로 진화했습니다. 그 결과, 과거에는 전문가의 전유물이었던 고품질 산출물이 이제는 평범한 개인의 손에서도 빠르게 구현되고 있습니다.

정리하면, 인류의 역사는 도구의 역사이기도 합니다. 도구는 생존을 넘어 삶의 질과 문명의 수준을 결정짓는 핵심 매개체였고, 그 배후에는 언제나 공학적 사고와 구현 능력이 자리해왔습니다. 오늘날 우리는 도구의 지능화와 민주화 덕분에 누구나 자신의 의도를 빠르게 실험-실행-개선할 수 있는 환경을 누리고 있습니다. 그러므로 앞으로의 개인과 사회는 도구를 현명하게 선택하고, 그 원리를 이해하며, 공학적 관점에서 효율과 품질을 동시에 끌어올리는 역량을 갖추는 것이 중요하다고 생각합니다. 이는 단순한 사용 능력을 넘어, 지식을 실천으로 연결하는 문명적 역량이며, 인류가 다음 단계로 도약하기 위한 필수 조건이라 하겠습니다.

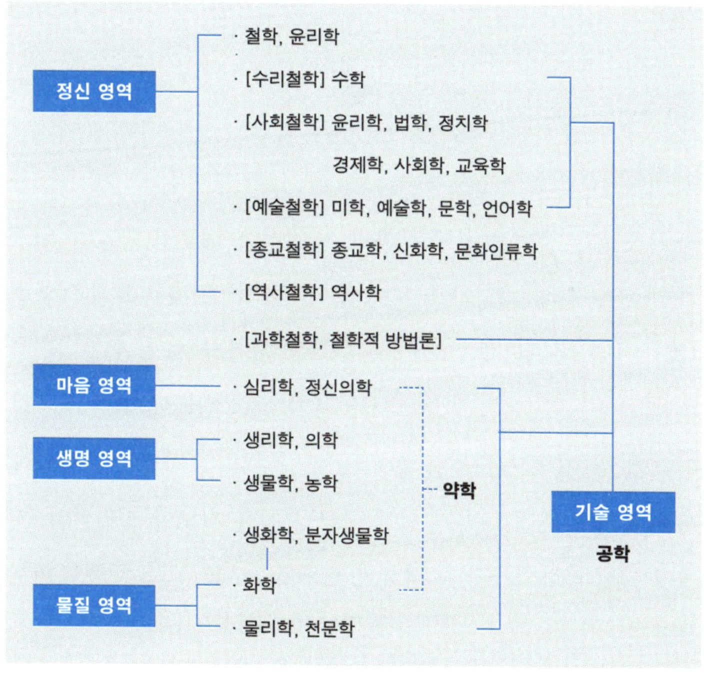

철학의 필드

공학 또한 역사가 깊은 유용한 도구입니다.

좋은 도구를
선택하는 방법

좋은 도구를 설명하기 위해 한 가지 상상을 해보려 합니다. 비행기로 이동 중에 사고가 발생해 무인도에 홀로 표류하게 되었습니다. 이때, 무인도에 단 하나의 도구를 가져갈 수 있다면 여러분은 어떤 도구를 선택하겠습니까? 제가 이런 상황에 처했다면 망설임 없이 위성 전화기를 선택할 것입니다. 그러고는 무인도에서 한시라도 빨리 나가기 위해 구조 요청을 시도할 것입니다. 저에게 위성 전화기가 가장 필요한 도구로 선택된 이유를 차례대로 설명해보겠습니다.

가장 먼저 설명할 내용은 도구의 성능과는 상관없는 개인의 성향입니다. 사람마다 다르겠지만, 저는 현대 문명이 가져다준 혜택들 없이 살고 싶지 않기에 무인도에 잠시라도 있고 싶지 않습니다. 따라서, 즉각 탈출을 목적으로 직접 탈출할 수 있게 해주는 도구들인 탈것들과 탈출을 시켜줄 누군가를 불러올 수 있는 통신기기들을 먼저 생각했습니다.

다음에 생각한 내용은 도구의 목적성입니다. 무인도에 표류한 상황과 도구를 사용할 수 있는 능력을 되짚어보니 탈것은 직접 운행이 불가능하고, 사고라는 가정이 주어졌으니 간이형 보트 외에는 가져갈 수 있는 탈것은 없어 보입니다. 결국은 통신기기 정도인데 어느 국가에 속한 통신 기지국이 없다면 휴대폰은 소용없는 도구가 됩니다. 결국 다른 대안을 찾아야 하는 상황에서 사고라는 급박한 상황에 위성 전화기를 챙길 여유가 있을지 모르겠습니다만, 챙길 수만 있다면 1순위로 챙길 도구가 되었습니다. 지구 어디에서든 통신할 수 있으니 구조대에게 구조 요청을 하고 나서 현장에 올 때까지 하루 이틀 정도야 굶어서라도 살 수 있으리라 생각합니다.

이처럼 사고로 인한 무인도 정착 예시로 설명하고자 하는 좋은 도구 선택 방법은 '사용자의 성향'과 '도구 사용의 목적성'입니다. 따라서 동일한 상황일지라도 개인의 성향과 목적이 다르면 좋은 도구 역시 달라집니다. 그렇기에 예시로 설명한 상황에서 제가 선택한 도구 자체로만 보면, 다른 도구들보다 모든 면에서 수준이 낮을 수 있습니다. 그럼에도 불구하고 저에게 무인도 탈출을 목적으로 하는 가장 적합한 도구는 위성 전화기입니다.

이렇게 제가 위성 전화기를 고집하게 된 사유를 이해하려면 예시와 같이 처한 상황에서 본인이 원하는 바를 명확하게 인지하고 있어야만 합니다. 또한, 사용하려는 도구가 해당 상황에서 원하는 기능을 발휘하는지도 알아야만 합니다. 이 두 가지를 엮어서 대부분의 한국인이 잘 아는 표현으로 말하면, 지피지기(知彼知己)[10]입니다. 먼저 '나를 안다'는 표현은 쉽지만, 수천 년 역사 속에서 많은 사람들이 철학이란 학문으로 다루는 고민입니다. 여기서 서문에 간단히 언급했던 리처드 파인만 교수의 방정식 이야기를 다시금 떠올려보시기 바랍니다. '인생의 문제를 해결하지 않고도 해결 방안의 특성을 알 수 있다면, 인생의 의미를 이해하게 됩니다.' 자아가 무엇인지 정확하게 알면 좋겠지만, 지금은 문제를 해결하려는 것이 아닌 해결 방안의 특성을 알아보기 위해 자아의 특성을 열거해보는 겁니다. 물론, 질문을 잘해야 좋은 답을 얻을 수 있습니다.

① 현재 마주한 이 상황에서 본인은 본인의 행위를 어디까지 정할 수 있을까?

→ '종교와 철학' 편에서 다룰 질문

② 어떠한 원인 때문에 이런 결과를 맞이했고, 이 결과는 어떤 원인으로 작용할까?

→ '역사와 사회' 편에서 다룰 질문

③ 내가 내리는 이 결정은 본인다운 결정이며 본인이 원하는 진정한

---

10 『손자병법』에 나오는 지피지기 백전불태(知彼知己 百戰不殆)라는 구절로, '적을 알고 나를 알면 백번 싸워도 위태로움이 없다'는 뜻이다.

모습일까?

→ '언어와 문학' 및 '예술' 편에서 다룰 질문

몇 가지 예로 든 질문들의 표현은 다르지만, 의미하는 바를 한 단어로 축약한다면 이미 모두가 잘 알고 있는 '꿈'입니다. 이는 행복한 인생을 살아가기 위해 찾아본 모든 인생 지침에 필수로 들어가 있는 개념이었습니다. 꿈의 위대함은 시대와 국가를 넘어 많은 위인들이 주장했지만, 이 시대 한국에서는 '고도원의 아침편지'[11] 이사장이신 고도원 선생께서 '꿈 너머 꿈'이라는 표현으로 꿈의 중요성과 위대함에 대해 설명했습니다.

사실상 꿈은 매우 중요하고 크게 다뤄야 할 소재이기에 꿈에 대한 이야기는 이미 많이 언급되었고, 잘 정리되어 있는 이야기들이 많습니다. 그렇기에 저는 꿈에 대한 분량을 상대적으로 적게 언급하고자 합니다. 그렇다고 중요도가 낮은 것은 아님을 한 번 더 강조합니다. 다음으로 생각해야 할 도구의 목적성은 꿈과 유사한 듯하지만 미묘하게 다릅니다. 꿈은 실현하고자 하는 바가 희망과 이상이지만, 목적은 일 혹은 나아가는 방향으로 좀 더 현실적입니다. 이것이 공학 알고리즘의 본론이 됩니다.

① 내 꿈과 목적 그리고 진척 상황을 정량화할 수 있을까?

---

11   고도원 이사장이 인상적인 글귀에 의미 있는 단상을 덧붙여 매일 아침 이메일로 보내는 편지

② 내 꿈과 목적이 다른 사람의 꿈과 목적과 같은 선상에 있는 것일

까?

③ 내가 선택한 도구를 사용함으로써 숙련도가 향상되고 작업이 수

월해지는 걸까?

질문들이 의미하는 바는 '평가'입니다. 평가는 스스로 할 수도 있지만 객관적이고 신뢰성 높은 평가는 많은 수의 타인들이 내려주는 평가입니다. 하지만 타인의 높은 평가가 우리에게 항상 행복을 가져다주는 것은 아님을 잘 알고 있으니 본인과 타인의 평가를 잘 조율하는 작업이 필요합니다. 이 작업이 본인이 결정한 꿈 혹은 목적을 바꿔야 할지 혹은 타인의 혹독한 평가에 흔들리지 않고 밀고 나갈 확신을 공고히 할지 결정하는 데 도움이 되리라 생각합니다.

내 손에 잘 맞는 도구가 좋은 도구입니다.

세상을 우아하게 표현하는 방법,
방정식과 해

저는 당연히 수학과 과학을 좋아하며, 살아가는 데 행하는 판단 기준의 상당히 많은 부분에서 수학과 과학 지식을 활용합니다. 하지만 여느 천재나 위인처럼 태어나면서부터 혹은 어린 나이부터 수학과 과학을 좋아하고 활용하지 못했습니다. 수학과 과학에 대한 태도가 바뀌기까지 초중고 12년간의 기본 교육과 공학 학사 4년, 석사 2년을 마치고 박사학위 과정 2년차 여름 이전까지 도합 18년이 걸렸습니다.

공학 석사를 취득하고도 박사학위 과정 입학 2년까지도 기초 물리에 대한 이해가 부족함을 느끼고 물리를 독학했습니다. 당시 독학에 사용하던 물리 교과서에 물리 공식과 관계없는 문장이 있었습니다.

'방정식(Equation)[12]을 풀지 않고서도 해(Solution)[13]의 특성을 알 수 있을 때 방정식의 의미를 이해하게 됩니다.'[12]

이 이상한 문장을 보기 전에는 어려운 방정식의 답을 계산하는 데 시간과 열정을 쏟고 있었습니다. 하지만 고성능 공학계산기 도움을 받아도 답을 도출할 수 있는 예제는 몇 안 되었습니다. 계산도 어려웠을 뿐만 아니라 방정식 계산이 제가 연구하는 현상을 설명하는 근거가 되리란 확신도 없었기에 매 순간 불평이었고 포기하고 싶었습니다. 계산하기 어려운 공식들이 즐비한 물리학 교과서에 적힌 해당 문구를 처음 보았을 때는 문장 내용을 오롯이 이해하지 못했습니다. 계산하지 못하는 방정식은 이해 못하기 때문에 풀지 못하는데, 계산하지 못해 도출하지도 못한 해를 이해하고, 심지어 계산해야 할 방정식의 의미까지 이해하는 건 순서에 맞지 않았습니다.

이 문장을 처음 접했을 당시에는 노벨물리학상을 받은 리처드 파인만이란 천재 물리학자가 한 이야기이니 저와는 상관없는 천재들 세계의 이야기로 받아들이고 넘어갔습니다. 다행히도 이 문장의 진정한 의미를 이해하는 데 그리 오래 걸리진 않았습니다.

우선, 방정식과 해의 사전적 의미와 영어 단어를 찾아보면 재미난 사실이 있습니다. 먼저 '해'라는 단어는 해법이나 해결책이란 뜻을 가진 'Solution'으로 번역됩니다. '해를 계산한다'란 행위

12 　어떤 문자가 특정한 값을 취할 때에만 성립하는 등식
13 　방정식을 성립시키는 미지수의 값 또는 미분 방정식 등을 만족시키는 함수

로 미루어 방정식이란 영어 단어를 추측해보면 방정식은 '문제(Problem)[14]가 될 듯하지만, 이미 잘 알려져 있듯이 방정식의 영어 단어는 문제와는 전혀 다른 'Equation'입니다. 그리고 계산의 법칙을 문자와 기호로 나타낸 '공식(Formula)'과도 다릅니다.

사전에서 정의하는 방정식이란 어떤 특정한 조건이 될 때만 상황이 만족될 가능성을 이야기해주는 수학적 표현입니다. 사전적 의미의 방정식에서 말하는 어떤 특정한 조건이란 것이 '해'이며, 그 해를 구하는 과정이 '계산' 혹은 '푼다'의 의미입니다. 다만 계산의 개념이 조금 다릅니다. 흔히 계산이라 함은 사칙연산과 같은 기호를 통해 하나의 숫자가 도출되는 행위를 일컫습니다. 하지만 방정식은 계산 결과의 답이 하나일 수도 있지만, 하나가 아닐 수도 있습니다.

따라서 도출한 해의 개수에 따라서 생각을 달리할 내용이 있습니다. 방정식의 해가 존재하지 않거나 혹은 한정적인 수의 해로 존재하는 경우는 그 특정된 해가 중요합니다. 하지만 방정식의 해가 여러 개 있을 수 있는 상황은 어떨까요? 저는 이 해들이 도출될 수 있는 형태 혹은 가능성을 '경향성(Tendency)[15]'으로 이해하기 시작했습니다.

이렇듯 방정식을 해결해야 할 문제라고 생각하지 않고, 계산하여 도출해내야만 하는 해를 경향성으로 이해하기 시작하자 우

14　한국 교육과정에서는 '수학 문제를 푼다'란 표현으로 많이 사용한다.

15　현상이나 사상, 행동 따위가 어떤 방향으로 기울어지거나 쏠리는 성향

선 수학적 계산의 속박으로부터 벗어날 수 있었습니다. 게다가, 제가 알고 싶었던 것은 마트에서 물건을 사고 돌려받아야 할 정확한 잔돈 같은 답이 아니었고, 제가 만들고자 하는 제품이 가져야 할 성능을 향상시키는 방법이었습니다. 물론 최종적으로는 최고 성능값이 중요하긴 하지만, 최고 성능을 발현시키기 위한 방법 혹은 관계성을 찾는 것이 첫걸음임은 너무나도 당연합니다.

이를 알게 되면서부터 방정식을 보는 태도가 바뀌었습니다. 이 글을 읽고 있는 독자 여러분도 수학과 과학을 교육 과정 중에 받아야 할 시험 점수로 인식하지 않고 경향성과 같은 의미로 이해할 수 있다면, 공학이란 수단과 방법에 좀 더 친숙해지지 않을까 조심스럽게 기대해봅니다.

방정식과 해는 변해가는 현상을 우아하게 표현하는 방법입니다.

2장

세상과 곰학과 행복

우리는 어디까지 갈 수 있을까?
: 종교와 철학

사람은 누구나 행복한 삶을 살고 싶어합니다. 현재를 살아가는 사람들은 물론이고 앞으로 이 세상을 살아갈 사람도, 이 세상을 살았던 사람들도 행복을 바라왔습니다. 그런데 셀 수조차 없는 많은 사람들만큼 행복에 대한 정의와 방법들 역시 여러 관점으로 다양합니다. 도대체 행복이란 무엇이며, 행복한 삶이란 어떤 삶을 말하는 걸까요?

이런 질문에 대한 답을 찾고자 하는 가장 오래된 지식 탐구 분야는 단연 발전의 역사가 가장 긴 종교와 철학입니다. 따라서 행복을 찾고자 한다면 종교와 철학부터 참고함이 효율적입니다. 많은 종교 관점들 중에서도 인류 시대에 가장 영향력[16]이 높고 한

---

16 Pew Research Center가 보고한 2020년 전 세계 인구 76.5억의 종교인 비율은 기독교 31.1%, 이슬람교 24.9%, 힌두교 15.2%, 불교 6.6%이다.

국인들에게 친숙한 종교인 기독교 및 천주교, 불교에서 말하는 행복을 찾아보았습니다.

기독교에서 다루는 행복은 제법 명확합니다. 기독교 교리가 담긴 성경 첫 장에 창조 신화가 기재되어 있으며, 행복에 대한 이야기가 바로 거론됩니다. 내용을 정리해보면, 하나님이 모든 천지를 오직 음성으로만 창조했지만 인간만은 하나님 형상으로 하여 생명의 숨결을 불어넣어줄 정도로 특별하게 창조했다고 합니다. 그리고 명칭이 가진 의미 그대로 행복이란 뜻을 가진 에덴[17] 동산에서 살게 했습니다.

종교로서 역할을 하기 시작했을 때부터 현재까지 다양한 관점에 따른 해석들이 있지만, 단순히 적힌 글의 의미 그대로만 해석해보면 하나님의 손길로 직접 창조된 인간은 만들어질 때부터 행복 안에서 살던 존재였습니다. 하지만 선악과를 먹지 말라는 단하나의 약속을 어기면서 씻을 수 없는 원죄[18]를 받게 됨과 동시에 에덴 동산 밖으로 쫓겨나게 됩니다. 에덴 동산 이야기를 토대로 천주교와 기독교에서 말하는 인간은 본래 존재 자체가 행복이었는데, 선악과를 먹은 이후 불행한 존재가 되었다고 합니다. 즉, 기독교에서 다루는 행복은 선천적으로 가지고 있었으나 벌을 받아 행복할 자격을 잃어버린 것으로 설명하고 있습니다.

---

17 유토피아 혹은 낙원으로 해석, 천주교에서는 천국과 동의어로 사용하며, 기독교에서는 사후세계 중 하나로 본다.

18 기독교, 천주교 신학 용어로 태초 인간인 아담과 하와가 하나님과의 약속을 어긴 죄

불교에는 기독교와 같은 세계 창조와 행복에 대한 직접적인 언급은 없습니다. 창조론이 명확하지 않은 불교는 천주교와 기독교같이 태초 존재의 행복에 대한 입장은 모호합니다만, 인간의 행복에 대해서는 불행에 대한 정의를 명확히 해서 불행함을 탈피하는 방법으로 이야기합니다.

인간을 비롯하여 모든 생명은 우주의 법칙이며 그 존재 자체인 비로자나불[19]로 존재한다고 합니다. 그리고 모든 존재는 비로자나불 우주 안에서 여러 형태의 생을 살며[20] 선을 행하고 깨달음을 얻으면 108번뇌[21]에서 벗어나 부처가 될 수 있음을 말합니다. 하지만 생을 살면서 악업을 쌓고 깨닫지 못하면 다음 생에서도 이 불행이 이어질 것이라고 말합니다. 즉, 불교는 행동 강령을 통해 행복을 추구할 수 있음을 제시합니다.

세계에는 기독교와 천주교, 불교 외에 이슬람교와 힌두교, 기타 민간 신앙 등 20여 개의 종교가 있으며, 믿음의 대상인 신과 신의 의도를 전달하는 경전들은 각기 다릅니다. 하지만 각 종교의 내막은 질서, 평화, 조화, 행복 등과 같은 개념들을 추구 및 염원하고 있음을 알 수 있습니다. 물론 종교에 따라 행복을 다루는 개념과 접근 방식이 다르지만, 일련의 창조론과 행복이란 단

---

19 불교의 부처 중 하나로 우주 어디에나 존재하는 법으로 시간과 공간을 초월한 근본적인 원리 그 자체를 의미한다.

20 불교 용어로 윤회, 불교의 주요 교리로 해탈(깨달음)의 경지에 도달하지 못한 사람이 해탈할 때까지 현 세상에 재탄생함을 말함

21 인간의 몸과 마음을 괴롭히고 어지럽히는 108가지의 정신작용

어가 지닌 의미를 가지고 보면 행복의 부재가 좋지 않은 상황임을 동일하게 이야기하고 있습니다. 그래서인지 행복의 반대 단어는 행복이 없는 상태인 불행으로, 한자로는 '不幸' 영어로는 'Unhappiness'로 표기하며, 행복을 바라는 관점은 동서양 문화권 둘 다 유사함을 알 수 있습니다.

이러한 창조 신화를 가지고 있어서인지 각 종교별 행복을 얻는 방법도 당연히 창조 신화와 논리적으로 이어져 있다고 해석됩니다. 천주교와 기독교에서는 하나님의 의지는 행복에 머무를 수 있는 자격을 주었지만, 단 하나의 약속을 어기는 죄를 지음으로써 행복할 자격을 잃게 되었습니다. 그 죄가 비록 내가 지은 죄가 아니며 태어날 때부터 가지고 있는 죄라 하지만, 그 죄를 인정한다면 다시금 에덴에 머무를 자격을 받을 수 있다고 합니다.

불교 또한 기독교와 유사하게 우리가 살아가는 인생을 사바 세계라 칭하며, 깨달음을 얻어야 부처가 되어 극락 세계로 갈 수 있다고 합니다. 종교에서 제시하는 우리 인생과 사후 세계에 대한 해석뿐만 아니라, 행복할 수 있는 세부 방법은 시대를 거듭할수록 더욱 많아지면서 동시에 구체화되었습니다. 실제 인류 역사와 함께해왔기 때문에 행복에 대한 해석에서는 타 학문에서 고민한 양과 질에 비해 월등하다고 생각합니다. 그렇기에 인류 역사가 시작된 선사시대 때부터 비교적 최근인 중세시대까지 종교에 기반한 문명이 발달했습니다.

하지만 인류 문명이 발달함에 따라 종교가 해결해주지 못한 경우뿐만 아니라 의도적으로 발달을 막는 경우들이 발생합니다. 신의 영역으로 구분되는 지식 혹은 정보로서 대표적인 것이 인간의 생명과 우주, 지구의 기후 현상들입니다. 과거 종교에서는 열거한 정보를 포함한 많은 미지의 정보들을 신의 의도로 규정하여 인류 문명에 많은 영향을 줬습니다. 대기 현상인 천둥과 번개를 신의 분노로, 태양과 달과 지구의 공전으로 발생하는 일식과 월식을 멸망의 징조로, 생명의 탄생과 죽음을 신의 상(Award) 혹은 벌(Punishment)로 해석해왔습니다. 그리고 살아 있는 동안의 행복 역시 신의 의도로 해석했기에 이를 믿었던 인류는 항상 신의 의도를 알기 위해 노력했습니다. 하지만 현재까지도 신의 의도를 알고 이해하기는 쉽지 않습니다.

이 가운데 신의 뜻이 아닌 인간 본연의 존재에 대해서 고민하기 시작한 결과가 철학입니다. 철학 역시도 다양한 관점과 해석이 존재합니다. 시대별로 대표적인 몇 가지를 살펴보면 시대를 거듭할수록 한 사회 전체만 다루다가 사회와 인간의 관계로, 더 나아가 한 인간의 내면 혹은 잠재의식으로 범위가 좁혀져 들어감을 알 수 있습니다.

철학의 시초로 알려진 중국 전국시대의 공자, 맹자, 순자 등, 고대 그리스의 소크라테스, 플라톤, 아리스토텔레스 등의 유명한 철학자들은 인간 본질에 대한 고민도 많이 했지만, 크게는 국가의 통치 이념을 고민했습니다. 정확히는 인간이 살아가는 환경부터 인간의 본질까지가 고민의 범위였습니다. 예로, 한국에서 가장 유명한 철학자 중 하나인 공자는 사람다움을 인의(仁義)로 설명하며, 국가 통치론으로는 법보다 덕으로 백성과 나라를 다스려야 한다고 했습니다. 인간의 본질을 성선설(性善說)과 성악설(性惡說)로 설명한 것으로 유명한 맹자와 순자는 통치론으로 군주의 자질을 논했습니다. '너 자신을 알라'는 메시지로 유명한 소크라테스 또한 국가관에 대해서는 '악법도 법이다'[22]라는 입장으로 국가 권력과 계약에 대한 정당성을 더욱 중요시했습니다. 플라톤과 아리스토텔레스는 국가론과 정치론에서도 매우 훌륭한 업적을 낸 철학자로 알려져 있습니다.

이후에도 수많은 철학자들은 인간 본연의 존재에 대해 고민하면서도 국가와 사회, 체제와 이념에 대해 함께 고민했습니다. 관점과 방법들은 다양했지만, 그들은 결국 국가와 사회, 체제와 이념들 같은 시스템 혹은 환경들이 안정되어야 행복한 삶을 살 수 있으리라 생각한 것입니다. 이와 같은 고민은 꽤 근래까지 이어져왔습니다. 인간 존재에 대해 고민하는 데 주위 환경을 배제할 수는 없겠지만, 그럼에도 불구하고 16세기 프랑스 철학자인 르네 데카르트(René Descartes)는 인간 정신에 대해 심도 있게 고민하면서 인간의 정신과 신체는 분리되어 있음을 주장하는 이원론(Dualism)을 제시하며 현대 심리학에서 다루는 의식과 무의식 개념

22　현재 이 어록은 실제 한 말이 아니라고 알려져 있다. 하지만 "폴리스의 결정을 내가 억울하다 해서 위배하여 이러한 일들이 반복된다면 폴리스가 유지되겠는가? 이러한 행동은 옳은가?"란 말을 했다고는 한다.

의 기초를 제공했습니다. 이후 19세기 독일의 철학자인 빌헬름 분트(Wilhelm Wundt)는 다소 주관적인 개념들의 논리로 구성된 철학으로부터 객관적이며 과학적인 논리로 구성할 수 있는 심리학을 발전시켰습니다. 이후부터는 행복이란 인간의 신체 현상 혹은 정신과 감정에 기반한 결과물이란 인식이 생겨나기 시작합니다.

즉, 행복한 인생을 살고자 하는 인류의 노력에 종교는 신의 의도를 알고 이해함으로써 그것을 얻을 수 있다고 답해주고 있으며, 철학은 국가와 사회, 체제와 이념들의 구성원으로서 행복은 자연히 이루어진다고 답해주고 있습니다. 더 나아가 철학의 실천 학문인 심리학에서는 다른 존재나 환경에 따른 관계가 아닌, 어떤 신체나 정신 활동이 행복함을 느낄 수 있는지를 좀 더 구체적으로 설명할 수 있게 되었습니다. 이러한 일련의 시대순 종교와 철학과 심리학의 설명을 과학적인 발전으로 이해하면서 심리학이 좀 더 행복한 인생을 찾는 데 효과적이라 판단할 수도 있습니다.

종교와 철학의 중요성은 이미 여러 위인들의 훌륭한 사유로 설명되었습니다만, 제가 공학적인 관점을 설명하기 위해 중요하게 생각하는 사항은 물리 현상으로 관측할 수 있는 '목적 설정과 수행 범위의 구분'입니다. 행복이란 인류 역사가 시작한 이래 모든 사람들이 원하고 있기에, 종교와 철학에서 인간의 행복에 대해서 각각의 논리를 갖추어 설명하고 행복할 수 있는 방법들을 제안하고 있음에도 그 실체가 여전히 명확하지 않은 감정 개념입니다.

그럼에도 불구하고 종교와 철학에서 다루는 몇 가지 예시를 보면 행복의 범위를 인생의 시간 혹은 사회적 구성으로 나누고 있음을 알 수 있습니다. 종교에서 다루는 행복의 시공간 범위는 영혼이란 개념을 도입하면서 한 사람의 인생이 아닌, 영원히 지속되는 시간을 범위로 하고 있습니다. 고대 철학에서는 국가와 사회의 통치 이념의 존속을 목적으로 행복을 집단의 결과물로 생각했습니다. 16세기에 들어서야 한 사람의 인간이 살아가면서 겪는 환경과 조건 속 행복들에 대해서 다루기 시작합니다. 이렇듯 인간의 행복을 다룸에서 시대별로 원인과 결과의 범위를 달리하고 있음을 알 수 있습니다.

공학적 해석(Analysis)을 위해서는 먼저 현상을 관측(Measurement)해야만 합니다. 일반적으로 많은 현상을 관측할수록 해석의 신뢰성이 향상되지만, 모든 현상을 관측하기란 쉽지 않고 오히려 관계없는 관측으로 인해 해석이 어려워지기 때문에 효율적인 해석과 관측을 위한 목적과 범위를 설정합니다. 이를 6 Sigma란 시스템공학에서는 품질 개선을 위한 첫 단계로 정의(Define)라 합니다. 수많은 과학자들이 연구한 결과를 정리하여 발표하는 논문의 순서와도 동일합니다. 서문(Introduction)에서 연구의 목적을 설명하고 연구 방법(Experimental Procedure)에서 현상을 관측하고 해석하기 위한 범위와 관측/해석 방법을 설명합니다. 그리고 현상을 객관적인 결과(Results)로 기술하고 그 결과들의 의미를 논의(Discussion)하고 주장합니다.

과학과 공학뿐만 아니라 모든 학문과 일상 생활에서도 일련의
정보를 관측하고 해석하기에 앞서, 목적과 수행 범위를 설정하
는 것은 가장 먼저 수행되어야 하는 단계입니다. 즉, 종교와 철학
에서 수세기 동안 많은 인생 고민들의 결론으로 남겨진 해석만이
아닌, 그 결론을 도출하기까지의 관측 과정뿐만 아니라 더 나아
가 목적과 수행 범위가 설정된 사유를 좀 더 심도 있게 고려해본
다면 행복을 찾는 데 많은 도움이 되리라 생각합니다.

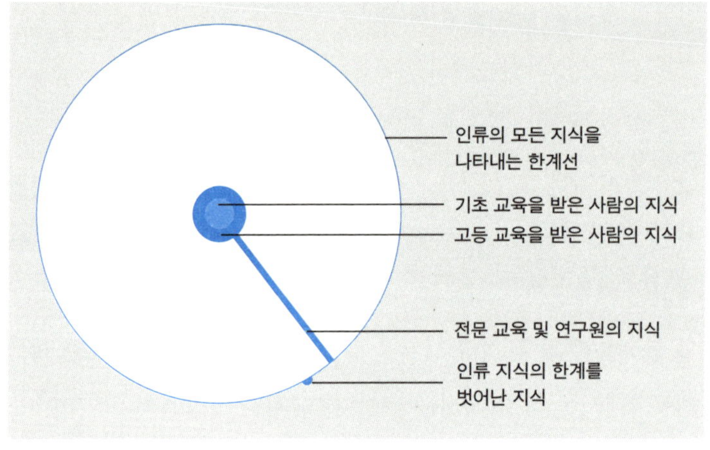

지식의 한계와 확장

종교와 철학적 사고는 사고의 범위를 넓혀줍니다.

원인이 결과이며, 결과가 또 다른 원인인 세상
: 역사와 사회

'역사는 과거와 현재의 끊임없는 대화이다(History is unending dialogue between the present and the past).' 영국의 유명한 역사학자 에드워드 핼렛 카(Edward Hallett Carr)는 역사를 이렇게 설명했습니다. 역사에 대한 여러 해석과 설명이 있지만, 개인적으로는 카가 설명한 문장과 'Dialogue'란 단어가 참 멋진 표현이라 생각합니다.

대화를 뜻하는 영어 단어에는 흔히 어떤 문제나 중요한 일에 대한 대화를 뜻하는 'Talk'와 두 사람이나 소규모 사람들 사이의 사적 대화를 뜻하는 'Conversation'이 있습니다. 그런데 카가 역사를 설명하기 위해 사용한 대화는 사람과의 대화가 아닌 책, 연극, 영화와 같이 기록물과의 대화인 'Dialogue'입니다.

즉, 역사를 설명한 문장에는 기록물이라는 단어가 직접적으로 표현되어 있지 않지만, 'Dialogue'라는 단어를 사용함으로써 현재와 과거의 직접적인 대화가 아닌 기록물을 중간에 두는 간접 대화를 표현했습니다. 역사에 대해 조금만 생각해보면, 우리가 접하는 대부분의 역사적 사실은 직접 보고 들은 경험이 아니라 전해 들었거나 기록물로 접할 수밖에 없는 것입니다. 따라서 'Dialogue'로 표현함이 당연합니다. 이런 역사의 설명과 마찬가지로 과학 및 공학도 가설을 세우고 논리를 증명하기까지 기록된 정보와 많은 대화를 합니다.

이처럼 사람이 아닌 데이터가 대화의 대상인 경우엔 정보에 대한 인지와 이해 수준이 매우 중요합니다. 인간은 정보를 수용하기 위해 보고(시각), 듣고(청각), 접촉하고(촉각), 맛보고(미각), 맡으며(후각) 상황을 인지하고 이해합니다. 이를 오감(五感)이라 통칭하며, 이 중 시각에 의한 정보 수용 비율이 무려 78%라 합니다. 이외 청각이 13%, 촉각과 미각, 후각이 각 3% 수준입니다.[13] 비율이 설명하는 바와 같이 인간이 정보를 수용하는 데 시각 정보가 많은 비율을 담당하고 있습니다.

최근에야 정보를 사진과 영상으로 남길 수 있는 기술이 발전함에 따라 시간과 공간을 넘어 간접적으로라도 눈으로 확인할 수 있는 세상이 되었지만, 1900년대 이전까지만 하더라도 직접 보고 들은 사건을 있는 그대로 전달하는 행위는 애초에 불가능에 가까웠습니다. 사진과 영상 기술 전달 매체들이 발달한 현재도 발생한 정보를 전달하는 시간과 수용자가 정보를 받아들이는 시간에 차이가 있기 때문에, 발생한 정보를 오롯한 상태로 전달하는 것은 거의 불가능합니다. 의도가 없더라도 전달자 관점 및 기록 상태에 따라 정보의 일부 혹은 상당 부분을 누락시키거나 변질시킬 수밖에 없습니다.

즉, 이미 과거가 되어버려 확인할 수 없는 사실이나 현재 일어나고 있는 사회 현상들을 전달하는 방법은 화자(말하는 사람) 혹은 작가(정보를 매체로 만든 사람)의 이해와 표현 수준에 크게 영향을 받을 수밖에 없습니다. 또한 이야기를 전달하는 화자와 작가 역시도 직접 겪은 일의 전달이 아닌, 또 다른 화자와 작가에게 전달받은 정보를 재전달하는 n차 전달자인 경우가 대부분입니다.

따라서 지난 과거에 대해 대화하는 화자와 청자는 표면상으로는 단 두 명만의 대면인 듯하지만, 중간 전달자와 기록물과의 대화라는 개념을 적용한다면 역사의 대화 인원은 최소 세 명 이상이 됩니다. 게다가 화자에게 정보를 전달해준 화자들이 더 있거나, 독자가 이견을 가지고 화자의 입장을 취하기 시작하면 많은 화자들이 숨겨진 n자 대면 대화로 생각할 수 있습니다.

이렇게 화자에서 화자로 전달되는 정보들은 앞서 언급한 바와 같이, 사실 그대로 정보를 전달하는 것이 아닌 화자들의 개인 생각과 평가가 지속적으로 가미되는 'Unending Dialogue'가 됩니다. 이런 사유로 인해 전달되는 진위 정보는 최종적으로 정보를 전달받는 청자의 이해 수준과 맞물려 진실 혹은 창작된 정보와의 경계가 희미해지기 시작합니다.

그 결과 현실에서는 화자가 전달하는 진실 여부와는 별개로 청자가 믿고자 하면 진실로 받아들이고, 거짓으로 받아들이고자 하면 거짓으로 결론 내려집니다. 이런 모호한 판단의 연속이 지속되다 보면, 어느 순간 중요한 의문점이 생깁니다. 정보를 전달하는 내 앞의 화자나 작가는 당시 상황을 얼마나 잘 알고 있는 것일까요? 물론 정보의 진위 여부가 매우 중요하긴 하지만, 전달하는 정보의 진위성에 대한 검증보다 화자와 작가의 시점을 먼저 고민해봐야 할 필요가 있습니다.

이야기를 전달하거나 창작하는 화자와 작가는 적어도 '전지적 시점' 혹은 '제한적 시점' 둘 중 하나의 입장이 됩니다. '전지적 작가시점'과 '제한적 작가시점'은 창작자의 시점에 대한 개념으로 작가가 이야기를 전개할 때 창작한 세계관의 모든 일을 마치 신과 같이 다 알고 있는지^(전지) 혹은 현 시대를 살아가는 인간과 같이 일부만 알고 있는지^(제한)처럼 정보의 인지 범위를 정의한 개념입니다. 소설을 접하는 독자들은 접하는 정보가 당연히 사실이 아닌 상상이 가미된 창작물임을 인지합니다.

하지만 역사를 접하는 독자들은 소설과 반대로 화자나 작가가 해당 역사적 사실을 직접 본 것도 아니며, 심지어 다른 화자의 사견이 있을 수도 있는 정보지만 사실이라고 인지하는 경우가 대부분입니다. 우리가 사회 정보를 접할 경우, 반대로 내가 정보를 전달하는 입장이 되었을 경우에도 마찬가지로 위의 질문을 생각해볼 수 있습니다. 이미 잘 알고 있듯이 인간의 인지 능력으로는 '전지적 시점'으로 정보를 전달할 수 없기 때문에, 화자는 기본적으로 의도 없는 거짓을 내포할 수밖에 없습니다. 그나마 보다 경험이 많고 전문가인 사람이 '좀 더 넓은 제한적 시점'으로 우리에게 정보를 전달함을 알아야 합니다.

이처럼 인간은 역사의 한 구성원으로 살아가고 있으나 모든 시간과 공간에서 발생하는 역사를 완벽하게 볼 수도 없고 이해할 수 없는 존재입니다. 그나마 다른 존재들과 관계할 수 있는 사회라는 범위에서 각자 얻은 정보를 교류하며 역사를 이어가고 있습니다. 이를 달리 표현하여 '역사를 시간 흐름 속 사회 변화'로 이해하면 쉽지 않을까 생각합니다.

여기서 저는 역사와 관계된 공학 관점을 설명하기 위해 '시간의 흐름'에 주목하고자 합니다. 역사와 사회에서 정보를 전달하는 일에서 시간의 흐름은 기본적인 나열 방식이며, 이와 같은 시간 기준의 나열 방식은 역사 교과서에서 흔하게 볼 수 있는 연대기(Chronicle)입니다. 역사와 사회뿐만 아니라 대부분의 과학 연구에서 인과관계를 찾기 위한 가장 일반적인 방법 역시 결과들을 발생한 시간 순서대로 나열하여 분석하는 방식입니다.

역사와 사회의 연대기에서 사용하는 시간과 공학에서 사용하는 그래프 간의 큰 차이는 시간 위에 기재되는 결과의 표현입니다. 연대기의 시간축 위에는 그 시간에 발생한 일이 표기되며, 공학 그래프의 시간 위에 기재되는 표현은 숫자 혹은 단위가 붙은 숫자입니다. 이를 정량화라고 합니다. 2장과 부록에서 후술할 수학 기법인 함수 그래프로 도식화한다면 좀 더 명확한 관계를 찾기 쉬워집니다.

가장 먼저 해야 할 일은 정보의 원인과 결과를 함수의 구성 요인인 x축과 y축에 대응하는 것입니다. 역사를 포함한 많은 타 학문 연구에서 '시간'을 원인이자 집합의 정의역[23] 및 직교 좌표의 x축으로 정의합니다. 시간은 연속적인 데이터이고 모든 결과는 항상 특정 시간에 발생하기 때문에 결과를 시간 순서대로 나열하기는 어렵지 않을 듯합니다.

하지만 막상 정보들을 그래프의 시간 위에 표기하려고 보면 종교와 철학 편에서 기재했듯 처음과 끝이 없는 시간의 '무한한 연속성' 때문에 끝없는 기록이 필요한 상황이 됩니다. 시간도 무한한데, 다뤄야 할 대부분의 정보들은 연구자의 의도와는 상관없는 원인과 결과들이며, 제한적 시점으로 정보를 다룰 수밖에 없기 때문에 심지어 모든 원인과 결과를 알 수도 없습니다. 따라서 생각보다 분석할 결과들을 일정한 시간 간격으로 놓기 어려운 경우가 많으며, 결과와 결과 사이에 얼마나 많은 결과들을 배열해야 할지도 난해합니다.

이렇게 쉬운 듯하면서도 난해한 시간순에 따라 변하는 결과를 측정하여 해석하는 방법은 공학에서도 널리 사용되고 있습니다. 다만, 역사와 같이 연속적이며 무한한 시간 범위에서 모든 데이터를 다루기 어렵기 때문에 대부분의 공학 연구 결과는 의도한 실험 과정에서 다루기 위해 원인과 결과의 시작과 끝을 설계 시

간 내로 제한하며, 시간의 흐름도 몇 단계로 끊어서 다룹니다. 이렇게 함수 그래프의 x축이란 변수로 정한 시간과 y축에 기재된 정량화 정보는 계수[24]를 도출할 수 있게 합니다. 이 계수는 변화의 원동력이라는 물리학적 의미를 지닙니다.

하지만 아쉽게도 역사적 사건과 인생이라는 시간을 변수로 두는 그래프에서 경향이 항상 증가하거나 감소하는 것과 같이 직선으로 표기되는 선형적인(Linear) 계수가 도출되는 경우는 드뭅니다. 도리어 오르락내리락하는 비선형적(Non-linear)이거나 갑자기 끊어지는 형태의 이산형(Discrete) 관계가 일반적입니다. 이렇게 선형적이지 않은 현상의 특이점을 누군가는 전환점(Turning Point)이라고 하거나 계기(Chance, Opportunity)라고도 합니다. 수학과 물리학에서는 변곡점(Inflection Point)과 단절점(Articulation Point)이라고 합니다. 즉, 시간에 따른 결과의 정리로 볼 수 있는 계수의 변화를 통해 결과의 전환 혹은 계기를 이해할 수 있습니다.

역사와 사회의 연대기와 같이 중요한 사건들을 시간순으로 나열하여 해석하는 방법이 공학에서도 유용하게 사용되지만, 시간을 x축에 두는 방법 외에 다른 변수를 대입해보는 것도 도움이 됩니다. 특히 사건의 원인과 결과는 시간의 흐름에 따라 발생하지만, 역사와 인생의 흐름을 본다면 결과가 또 다른 결과의 원인이 되며 이어져 있습니다.

24　하나의 수량을 여러 양의 다른 함수로 나타내는 관계식에서 물질 종류에 따라 달라지는 비례 상수(방정식의 변수에 일정하게 곱해지는 상수)

즉, 일련의 역사적 사실이나 인생의 주요 기억들에서 시간의 흐름과 발생 공간의 제약을 풀어버리고 관측한 원인과 결과만의 그래프로 정리하는 것입니다. 최근 이런 방식으로 접근하는 대표적 예시가 범죄 프로파일링입니다. 영화에서도 제법 나오는 소재로 연쇄 사건을 추정하는 방식과 유사합니다. 시간의 흐름대로 정보가 집계되기 시작할 때는 각기 다른 사건들로 추정되지만, 일정 사건 수가 집계되면서 시간보다는 특정 위치 및 범죄 대상자와 같은 범죄 특징이 부각되면서 동일범죄자의 연쇄 사건으로 특정할 수 있게 됩니다. 수사 당국은 이를 토대로 다음 범죄 시간과 장소를 예측하고 검거에 성공하게 됩니다.

우리가 찾고자 하는 행복도 범죄수사와 같은 방식으로 과거와 현재의 데이터들과 대화를 하고 미래까지 이어진 'Unending Dialogue' 속에 있다고 생각합니다. 살아가는 일에서 무엇인가 크게 변화시키고 싶다면, 개인의 일과 생각을 중심으로 역사와 사회에서 이미 일어난 다른 인생의 주요 사건들을 함께 이어놓는 것이 큰 도움이 되리라 생각합니다.

역사와 사회는 둘 이상의 존재에 대한 관계성을 알려줍니다.

인간이 인간다울 수 있는 이유
: 언어와 문학

역사와 사회 편에서 정보를 전달하는 데 시각 정보 수용 비율이 78%, 청각이 13%임을 언급했습니다. 시각과 청각의 합계인 91% 감각을 통해 전달받을 수 있는 대표적인 정보 형태는 표기(Mark)와 소리(Sound)입니다. 우주에는 많은 표기와 소리가 존재하지만, 대부분은 비정형적으로 존재합니다. 그런데 특이하게도 지구상에 존재하는 인간이란 종은 국가 혹은 사회와 같은 무리를 구성하였고, 그 무리 안에서 표기를 체계화하여 문자로, 소리를 체계화하여 언어로 사용하고 있습니다.

2024년 현재 전 세계 인구 79.51억 명이 사용하는 언어는 약 6천여 개이며 문자는 50여 개라 합니다.[14] 언어의 수가 문자보다 120배나 많은 사유는 시대와 지역 구분까지 포함되기 때문인데, 언어를 동일한 어원으로 정리하여 분류하면 그 수는 약 2천

개 이하로 병합됩니다. 인간의 긴 역사와 많은 인구수로부터 비롯된 정보들을 고려한다면, 방대한 인구수와 정보량에 비해 매우 적은 수의 언어와 문자가 있음을 알 수 있습니다.

이처럼 통합된 언어와 문자가 각기 다른 많은 정보들을 객관화하여 문명을 이룩할 수 있게 만들어준 핵심입니다. 정보의 수용 방식은 시각과 청각에 의존하기에, 주요 문명 발생지를 대표하는 문자들이 정보를 누적하게 함으로써 문명을 발전시키는 데 핵심이었다고 이해해도 틀리지 않으리라 생각합니다.

인류가 언어를 사용하기 시작한 시기는 정확히 알려져 있지 않지만, 생물학적 증거로는 약 20만 년 전부터로 보고되어 있습니다. 혹은, 복합한 형태의 도구와 상징물[25]들을 제작하는 방식이 단순한 의사소통에 기반하여 만들어질 수 없음을 가정하여 각 30만 년 전 혹은 10만 년 전으로도 추정하고 있습니다. 문자의 기원은 기록으로 남아 있기에 언어의 기원보다 확실한 연대가 추정되어 있습니다. 기원전 3300년경 메소포타미아 지역에서 발견된 수메르인의 설형문자, 기원전 3100년경 이집트의 상형문자, 기원전 2600년경 인더스 문자, 기원전 중국 갑골문과 같은 체계화된 언어를 문자라는 형태로 전달하면서 문명을 이룩하기 시작했습니다.

현대는 기록 장치들이 보급되어 정보 전달이 매우 편리하고

---

25 남아프리카에서 발견된 블롬보스 동굴 예술품

효율이 높아졌지만, 기본적인 정보 전달 방식은 동일 시공간 내에서 개체에서 개체로의 전달입니다. 앞 문장에서 언급한 동일 시공간이라는 제약은 생각보다 굉장히 짧은 시간과 좁은 공간입니다. 시각적인 정보는 빛의 속도인 초당 3억 미터로 지나가며, 청각적인 정보는 음파 속도인 초당 340미터로 지나갑니다. 직접적인 정보 전달은 그야말로 순식간에 이루어지기에 정보 제공자와 수용자 둘 다 동일 시공간 내에 존재하지 않으면 전달은 이뤄질 수 없습니다.

빛의 속도보다 낮은 속도를 가진 소리는 속도가 낮기 때문에 정보 전달에 유리할까요? 소리는 기본적으로 물질의 진동으로 전달됩니다. 예를 들어, 공기의 흐름은 나무의 잎사귀나 물의 표면을 움직여 소리를 내기도 하며, 태양열 때문에 물이 대지로부터 증발되어 생성된 구름에 생기는 정전기는 간혹 대지로 방전되면서 천지를 찢는 듯한 천둥소리를 발생시킵니다. 그리고 동물로 분류되는 생명체는 활동으로 인한 소리도 낼 수 있지만, 소리를 낼 수 있는 신체 기관이 상이하여 각 종(Species)마다의 고유 소리들을 낼 수 있습니다.

소리의 발생원보다 주목해야 할 사항은 물질의 진동을 수신할 수 있는 수신기의 기능을 가지고 있어야 하고, 그 진동을 인식하는 것뿐만 아니라 그에 대한 반응을 보여줄 수 있어야 한다는 것입니다. 이러한 일련의 기능을 모두 가진 개체는 스스로 움직일 수 있는 동물들에 준합니다. 이 동물들은 스스로가 소리를 발생시키기도 하고 수신하기도 하며 나름의 정보전달을 할 수 있습니다. 하지만 발생 즉시 수신해야 하기 때문에 빛의 속도보다 낮더라도 발생 순간에 옆에 존재하지 않으면 전달의 의미가 없게 됩니다.

인류는 빛과 소리 형태로 순식간에 지나가는 정보를 잡아내기 위해 정보에 객관적인 형태와 의미를 부여했습니다. 진동 형태가 아닌 물질에 표기(Mark)하며 빛의 파장으로 전달할 수 있는 기능을 가진 동물은 지구상에 인간 외에는 없습니다.

이렇게 각각 체계화된 소리가 언어, 체계화된 표식이 문자입니다. 특히 정보를 전달하는 데 소리와 문자를 기록할 수 있는 기술은 시공간의 제약을 물질 세계로부터 해방시킨 가장 중대한 발견입니다. 정보를 담고 있는 소리 혹은 현상은 발신원으로 즉시 사라져버립니다. 하지만 소리와 현상을 체계화해서 문자로 표기하여 시각적으로 확인할 수도 있게 하며 동시에 언제든지 동일한 소리로 재현할 수 있게 함으로써 소리의 시간을 표기로서 잡아둘 수 있게 되었습니다.

소리를 이용한 정보전달이 기록으로 인해 시간 제약에서 벗어날 수 있게 되었으며 심지어 공간의 제약도 벗어날 수 있게 된 것입니다. 이렇게 정보의 전달 영역에서 시공간 제약을 벗어나게 해준 세기의 발명품이 문자이며, 문자를 기록하는 매체들의 발전이 거듭될수록 시공간 제약에서 더 확실히 벗어날 수 있게 되었습니다.

고대에는 점토판이나 파피루스 같은 매체에 기록했는데, 이는 보존이 어렵고 장거리 이동이 거의 불가능했습니다. 게다가 기록도 용이하지 않았기에 정보를 확인할 자격이 주어지는 경우도 매우 극소수일 수밖에 없었습니다. 하지만 시간이 흘러 인쇄 기술이 발달하면서 문자를 점토판보다 몇 배는 가벼운 종이에 다량으로 기록할 수 있게 되었습니다. 즉, 많은 사람들이 얻고자 하는 의지만 가지면 다른 시공간에서 발생한 정보를 언제든지 접할 수 있게 되었습니다.

이처럼 시공간 제약을 벗어난 지식 전달은 인간을 동물과 유사한 오스트랄로피테쿠스에서 전혀 다른 종이라 해도 무방한 호모 사피엔스 사피엔스로 진화시켰습니다. 특히 정보 전달에 시공간 제약이 풀린 것은 수명과 활동범위가 제한적인 인간 생각의 폭을 넓히는 데 가장 혁혁한 도움이 되었음은 이미 잘 알고 있으리라 생각합니다. 그 결과 중 하나가 인류의 긴 역사 속에서 종교학과 철학으로부터 시작한 행복론으로 이어지고 있습니다.

인간이 사용하는 2천 개 정도의 언어가 전 세계에서 유구한 시간을 넘으면서 현재를 지나 미래까지 셀 수 없는 사람들에게 이어지고 있습니다. 우리가 바라 마지않는 행복이란 단어 역시도 언어의 역사와 함께 긴 시간 동안 많은 사람들에게 다뤄져왔습니다. 행복이란 단어의 기본적인 뜻은 변하지 않았겠지만, 행복의 설명과 이해는 다뤘던 환경에 따라 많이 변할 수밖에 없음을 알 수 있습니다. 각기 다른 설명과 이해 역시도 언어로 남겨져 후대로 전달되어왔습니다.

한자를 사용하는 한국에서는 행복은 재수와 운이라는 뜻을 가진 '복(福)'에 뜻하지 않은 좋은 운 혹은 요행이라는 의미인 '행(幸)'이 붙어 '복된 운수'라는 뜻으로 설명됩니다. 서양 언어의 대표인 영어 역시도 운 혹은 기회라는 뜻을 가진 'Hap'이란 단어에 형용사화를 하는 'y'가 붙어 운이 좋은 성질을 뜻했습니다. 시간이 지나 근대에 와서는 행복을 생활에서 충분한 만족과 기쁨을 느끼는 흐뭇한 상태와 같이 설명합니다.

최근에는 행복에 대한 수많은 해석들이 넘쳐납니다. 과학 기술 발전으로 깊은 밤 자기 전 침대에 누워서 스마트폰을 이용해 지구 반대편의 일상을 보거나 과거나 미래에 대한 누군가의 고찰을 들을 수 있는 세상입니다. 의지만 있다면 시공간 제약 없이 경험과 정보의 폭을 넓힐 수 있는 시대입니다. 정보 전달의 시공간 제약이 풀리면서 행복을 찾기 더욱 수월해졌다고 생각합니다.

하지만 빛이 강할수록 그림자도 짙어지듯 갑자기 넓어진 정보의 바다에서 길을 잃기 쉬워졌습니다. 세상은 넓고 할 일은 많은데 내가 있을 곳은 어딘지 모르는 방황의 시대가 된 듯합니다. 방황의 시대가 된 이유야 여럿 있겠지만, 공학도인 제 관점으로 보면 시대의 발전에서 당연한 현상으로 보입니다. 마치 열역학[26]에

---

26 열을 에너지의 한 형태로 보고 열과 역학적 일과의 관계를 설명하는 학문

서 자유도[27]가 증가하면 무질서도[28]가 증가하는 바와 같다고 할 수 있습니다. 제가 제시하는 무질서도를 낮추는 방법은 생각 외로 간단합니다. 공간 내에서 이동하는 물질의 방향 혹은 경로를 단순화하여 자유도를 낮추면 됩니다.

이를 공학적 표현이 아닌 일반 표현으로 하자면, 어떤 상황의 고정 혹은 결정의 의미를 담습니다. 특히 어느 상황을 고려치 않거나 고정해버리는 것입니다. 좀 더 다른 표현으로 이야기하자면, 불분명한 상황이 많으면 복잡해지니 되도록 분명한 상황으로 만들어야 합니다.

정보 전달에서 가장 주요한 수단인 시각과 청각 91%를 고려한다면, 정보 무질서도의 주요 원인은 결국 시각과 청각적 정보를 전달 수단인 언어로 바꾸는 데에서 발생하는 것으로 추정할 수 있습니다. 그리고 정보 전달에서 불분명함은 정보를 전달받는 사람에게 불안을 야기하는 주요 원인이라 생각합니다. 따라서 삶에서 쉽게 길을 찾을 수 있는 가장 근본적인 행동 지침은 정확한 언어를 이해하고 사용하는 것입니다. 즉, 시공간 제약이 풀린 정보의 바다에서 나라는 인생의 배 항해를 잘 하기 위해서 그 정보들이 뜻하는 의미를 명확히 이해하고, 정확한 전달을 위한 표현을 할 줄 알아야 합니다.

---

27 질량을 가진 물질이 공간에서 움직임의 변화를 줄 수 있는 방법의 수

28 자연이 점점 무질서해지려는 경향의 척도. 열역학에서는 우주의 무질서도가 항상 증가하는 방향으로 진행된다고 보고 있다.(열역학 제2법칙, 엔트로피 법칙)

  언어와 문학은 깨달음을 정확하게 전달할 수 있게 해준 도구
입니다.

지성의 한계를 뛰어넘는

: 예술

언어와 문학 편에서 행복에 대한 객관적인 정의를 설명했지만, 행복이란 본래 각 사람마다 다른 견해나 관점으로 느끼고 판단하기에 객관적이기 어렵습니다. 그나마 체계화된 언어를 정확히 이용하여 전 세대에서부터 현 세대까지 이어왔지만, 여전히 과학과 공학 공식처럼 정확하게 계산되지 않습니다.

그래서인지 사회 통념상 행복 같은 객관적이지 못하고 주관적인 이해가 강한 개념들을 감정적인 대상으로 다루곤 합니다. 언어로 표현된 문학과 비언어로 표현된 미술, 음악과 같은 예술이 대표적인 예시입니다. 반대로, 지극히 객관적이어서 주관적인 이해가 전혀 통하지 않는 수학, 과학, 공학은 이성적이라 생각하며, 이성과 감성은 반대되는 개념으로 인식하는 경우가 많습니다.

하지만 사전적 의미 및 학문적 의미를 좀 더 찾아보면 이성과 감성은 대응되는 개념 정도로만 표현될 뿐 실제로 반대되는 의미는 아닙니다. 이와 같은 선입견이 생기는 이유는 이성이라는 개념을 사물의 이치와 원리를 알아내기 위한 논리력으로 생각하며, 사리 분별을 명확히 해야 하는 분야를 기준으로 이해하기 때문일 것입니다. 즉, 논리를 꼼꼼히 따지는 분야는 이성적인 분야이고, 이를 대표하는 학문이 수학, 과학, 공학이라고 생각하는 것입니다. 감성적인 분야는 논리를 꼼꼼히 따지지 않아도 되는 분야로서 문학과 예술로 대표한다고 생각하는 것입니다.

하지만 이는 옳지 않습니다. 감성의 사전적 의미는 자극이나 자극의 변화를 느끼는 성질입니다. 유사한 말로 감수성 혹은 심미라는 표현을 쓰기도 합니다. 특히 심미라는 단어는 '아름다움을 찾음'이라는 의미로 사용되며, 이 뜻이 감성을 설명하는 데 훨씬 적합한 단어입니다. 우리가 생각하고 접하는 예술을 논리 유무에 관련하여 이해하기보다 심미라는 단어에서 설명하듯 아름다움 혹은 아름다움을 표현하는 방식들로 이해해야 하지 않을까 생각합니다. 즉, 예술을 바라보는 관점의 시작이 이성의 반대말이 아닌, 아름다움을 찾는 눈이어야만 예술을 오해 없이 바라볼 수 있습니다.

의외로 이성적인 학문이기에 아름다움과 관계가 전혀 없을 것 같은 수학에서도 아름다운 공식 순위가 있습니다. 수학계에서 이 세상의 어떤 다이아몬드보다 멋지고, 어떤 보물보다 진귀한 등식이라는 찬사를 받는 공식은 $e^{i\pi} + 1 = 0$로 표기하는 오일러의 항등식입니다. 오일러 수인 e는 미적분에서 다뤄지는 대표적인 끝이 없는 무리수이자 초월수이고, i는 허수, π는 원주율입니다. 끝을 알 수 없는 숫자 같지 않은 기호들의 조합($e^{i\pi}$)이 −1이기 때문에 1을 더하면 0이 된다는 의미입니다. 이처럼 수학계에서는 아름다움을 설명하는 데 수학 세부 분야를 대표하는 개념들의 단순하면서도 완벽한 조화로움에 집중했습니다.

아름다운 수학 공식을 선정하는 데 기준이 된 조화는 예술에서도 마찬가지입니다. 예술과 거리가 먼 제가 예술에 대해 조금이라도 이해할 수 있도록 도운 핵심 키워드가 조화입니다. 우연한 기회에 미술을 전공하는 지인으로부터 예술작품을 관람하는 방법에 대해서 들었습니다. 미술작품을 어떻게 감상해야 하는지 물어보니, 돌아오는 답변은 "정해진 감상 방법은 없으며 그저 느껴지는 대로 감상하라"였습니다.

제법 불성실한 답변이라 생각할 찰나 덧붙여진 설명이 있었습니다. "그림을 처음 접했을 때의 느낌도 중요하며, 화가의 의도 파악도 중요하다. 또한, 화가가 살았던 배경 이해도 중요하다. 캔버스 한 폭에 그려진 모든 것들의 관계도 중요하다. 무엇보다 중요한 것은 그 모든 내용들이 그림을 보는 우리들에게 전달되어 조화롭게 인식되는지이다." 조화로운 예술의 대표 예시가 인간을 피사체로 하는 시각적 예술인 미술의 교본이 된 레오나르도 다빈치의 인체 비례도입니다.

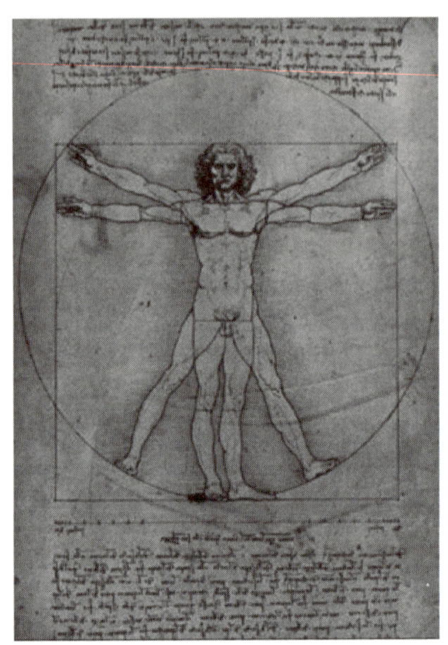

인체 비례도

다른 대표적인 예술 분야인 음악에서 '토닉-서브도미넌트-도미넌트'로 이루어지는 주요 3화음은 여러 음의 관계가 어우러져 안정감을 주는 전형적인 조화(harmony)를 보여줍니다. 최근에는 예술로 분류되는 미술이나 음악 외에 미식 분야에서도 신선한 재료 본연의 맛을 균형 있게 조합해 새로운 조화를 창조하며, 촉각과 후각의 세계 역시 감각 요소들의 균형과 대비를 섬세하게 다룹니다. 결국 예술은 이미 알려진 조화에 머물지 않고, 거기에서 한 걸음 더 나아간 또 다른 조화를 끊임없이 개척해나갑니다. 미학은 이러한 아름다움과 조화를 깊이 성찰하지만, 공학자의 관점에서 보자면 '조화'라는 개념만으로도 예술을 충분히 이해하고 의미를 찾을 수 있습니다.

공학에서도 조화에 해당하는 핵심 개념이 있습니다. 바로 평형(Equilibrium)과 안정(Stable)입니다. 과학 및 공학에서의 평형은 특정 현상이 더 이상 변화하지 않는 안정된 상태를 뜻합니다. 반대로 평형으로 수렴하는 과정 혹은 외란(Disturbance)에 의해 변화가 지속되는 진행형 상태를 비평형(Non-Equilibrium)이라 하고, 작은 자극에도 거동이 요동치는 상태를 불안정(Unstable)이라 부릅니다.

새로운 예술적 조화가 탄생하는 순간을 공학적으로 비유하자면, 그것은 비평형 혹은 불안정 국면에서 이루어지는 탐색과 도약에 가깝습니다. 완전히 안정된 평형 상태는 이미 관계가 밝혀지고 이론과 법칙으로 정식화되어, 예측과 제어에는 유리하지만 새로운 발견의 여지는 좁습니다. 그래서 연구 현장에서는 오히려 비평형 및 불안정 상태가 주요 관심 대상이 됩니다. 변화가 일어나는 동안의 궤적을 관찰하고 조작해야만 미지의 패턴과 새 경로를 발견할 수 있기 때문입니다.

실제로 많은 자연 및 공학적 시스템은 시간이 흐르면 열역학 제2법칙이 지배하는 최종 평형(엔트로피[29] 증가)으로 수렴합니다. 그럼에도 연구자들은 진행 과정에서 나타나는 특이점(Singularity), 혹은 일정 조건에서 일시적으로 유지되는 준평형(Quasi-equilibrium), 준안정(Meta-stable) 상태를 찾아냅니다. 이 구간은 작고 정교한 개입으

---

29   일반적으로 무질서도로 알려져 있다. 열역학과 통계역학에서는 평형 상태로의 이동 정도, 유효하게 이용할 수 있는 에너지의 감소 정도, 무효 에너지의 증가 정도를 의미한다.

로 경로를 우회하거나 새로운 국소 안정 상태를 확보할 수 있는 기회의 창이 됩니다. 드물지만, 이러한 경로 변경을 통해 기존에 알려진 것보다 더 낮은 에너지의 진짜 평형(더 안정적인) 상태를 발견하기도 합니다.

이제 이 통찰을 행복에 연결해보겠습니다. 마음이 아름답고 고요한 상태를 행복으로 정의하면, 물질적 및 정신적 요소가 잘 맞물린 몇 가지 정형화된 조합으로 행복을 설명하게 됩니다. 이는 마치 이미 알려진 평형점에 도달해 정지해 있는 상태와 비슷합니다. 반면, 행복을 비평형의 과정, 곧 변화 속에서 조화를 찾아가는 여정으로 바라보면 이야기가 달라집니다. 우리는 더 이상 정해진 결론으로 수동적으로 수렴하지 않습니다. 경로는 바뀔 수 있고, 중간 상태를 길게 유지할 수도 있으며, 때로는 완전히 새로운 안정점을 만들어낼 수도 있습니다. 예술이 또 다른 조화를 창작하듯, 삶 역시 비평형의 시간 속에서 의미 있는 균형을 끊임없이 갱신해나갈 수 있습니다.

즉, 완전한 평형을 목표로 고정되는 순간, 가능성은 줄어듭니다. 반대로 비평형의 구간을 두려워하지 않고 관찰하고 조정하며 실험한다면, 우리는 예술가처럼 새로운 조화를, 공학자처럼 더 안정적인 상태를, 인생을 살아가는 생활인으로서는 더 자신에게 맞는 행복을 만들어갈 수 있습니다.

예술은 조화를 통해 인간의 한계를 넘게 합니다.

한정된 자원의 분배

: 경제

행복은 인간의 삶과 밀접하며, 삶은 문명과 함께 진보해왔습니다. 문명의 진보는 각 학문의 발전과 함께하며 행복에 대한 인식도 발전시켜왔습니다. 근래 행복에 대한 인식에 큰 영향을 끼치는 것은 단연 경제라고 생각합니다. 숨쉬는 것조차도 돈이 든다고 할 정도로 생활 깊숙이 자리하고 있는 자본주의는 약 16세기 유럽에서 발달했다고 알려졌으나, '가치(Value)를 거래한다'란 개념으로 본다면 인류 역사의 초기부터 함께해왔을 것으로 추정됩니다.

다만, 지구상에 살아가는 모든 인류가 노력에 따른 대가를 받고 소유할 수 있는 시대는 비교적 최근에서야 도래했습니다. 이를 자본주의라 하며, 2007년 아프리카에서 마지막 노예제가 폐기[30]되어 모든 사람의 인생이 타인에게 속하지 아니하며 사유 재산을 소유할 수 있는 권리를 확보했습니다. 한국에서는 1894년 갑오개혁으로 노비 해방을 법으로 도입하게 됩니다. 하지만 곧 일본에게 주권을 빼앗겼고, 해방 이후 신탁통치와 한국 전쟁 시기를 제외하면 오롯한 한국 자본주의의 역사는 100년이 채 되지 않습니다.

태어나면서부터 주어진 신분과 역할로 살던 긴 시대를 넘어 현대에 들어서고 나서야 자립적인 경제 성장과 더불어 경제적 가치를 거래함으로써 '본인을 포함한 가족의 행복'을 쟁취할 수 있는 시대가 되었습니다. 특히 20세기의 대한민국은 국가뿐만 아니라 국민에게도 도전과 성취가 당연시되었고, 그 결과 최단 기간 내 경제 성장을 일컫는 '한강의 기적'이란 수식어를 얻게 됩니다.

하지만 급격한 성장 속에서 개인별 도전과 성취의 차이가 생겼고, 그 차이가 세대를 거듭하다 보니 후세의 도전과 성취가 공평하고 공정하지 않게 되는 사회적 문제가 발생하기 시작했습니다. 이 때문에 도전과 성취에 대한 기대가 감소하고 미래에 대한 불신이 높아지면서 현재를 더 중요하게 생각하는 '욜로(YOLO, You Only Live Once!)'가 한때 시대를 대표하는 구호가 되기도 했습니다. '한강의 기적'과 '욜로'라는 두 개의 구호를 시대순으로 본다면

---

30   1843년 영국령 인도의 노예제도 폐지, 1863년 미국 노예제 폐지, 1894년 조선 갑오개혁으로 노비 해방, 1948년 세계인권선언(유엔총회에서 노예제 폐지 선언), 2007년 아프리카 모리타니 노예제 폐지(마지막 노예제도)

100여 년이 채 되지 않는 한국 사회에서의 행복 주체는 철학의 흐름과 같이 국가에서 가족으로 그리고 개인까지 변해왔습니다.

행복의 주체뿐만 아니라 시점에 따라서도 삶의 태도가 변해왔습니다. 잘 알려지지 않았지만, 과거의 가치와 경험을 중시하며 이를 현재에 반영하려는 이념으로 호운톨로지(Hauntology)[31]와 전통주의(Traditionalism)[32]가 있습니다. 최근에는 현재의 순간을 즐기고 즉각적인 만족을 추구하는 태도로 잘 알려진 카르페디엠(Carpe Diem)[33]과 욜로가 있으며, 장기적인 목표 설정과 계획을 통해 미래의 안정과 자유를 추구하는 태도로 FIRE(Financial Independence Retire Early)[34]가 시대를 대표하는 구호가 되었습니다.

이처럼 경제적 태도에 따라서도 행복을 바라보는 관점과 방법은 좀 더 구체적이고 명확한 시점을 갖추게 됩니다. 저는 불과 100여 년의 기간 동안 대한민국 사회가 극명하게 달라진 원인을 자본주의 중심 사회로의 진입이라고 생각합니다. 과거 대한민국 경제 상황은 제품의 공급량이 항상 수요량을 맞추지 못했기에 행복의 측정 지표는 제품의 소유 여부였습니다. 하지만 현재는 공급의 양은 대부분의 수요를 만족시킬 정도로 성장했습니다. 따라서 비교 쟁점은 과거와 같이 소유 여부가 아닌, 제품의 가치 차이

---

31 과거 요소들이 현재에 지속적으로 영향을 미치는 현상

32 과거의 가치, 관습, 신념을 중시하고 이를 유지하려는 철학적 태도

33 호라티우스의 시 「오데즈」에 나오는 구절로 '지금 이 순간에 충실하라'는 뜻으로 사용됨

34 저축을 통해 경제적 자립과 조기은퇴를 목표로 하는 라이프스타일 및 투자 계획

가 되었습니다.

가치 비교를 위해 짧은 시간에 수많은 비교 지표가 만들어지고 사용된 분야가 경제학이 아닐까 합니다. 예시로 경제 자금의 순환을 이끄는 중심이며, 경제 성장성과 안정성의 양면을 모두 다루고, 자본주의 이념에 기반한 심리와 신뢰를 토대로 움직이는 경제 건강성 지표로 평가되며, 경제의 꽃이라 불리는 주식과 채권을 다루는 용어들을 찾아보면 경제의 가치와 질을 평가하기 위한 많은 경제 지표[35]들이 있습니다.

앞서 설명한 바와 같이, 공학은 제품 및 시스템의 가치를 향상시키는 데 목적이 있기 때문에 시장의 가치와 질을 평가하는 지표와의 관련성이 타 학문에 비해 특히 높습니다. 경제학에서 사용하는 많은 지표들은 시장을 평가하기 위해 평가하고자 하는 정보들을 모아 변수로 사용합니다. 그러고는 일정한 함수를 사용하여 결과값을 도출하고 평가하는 일에서 지표로 사용합니다.

수많은 정보 가운데 특정한 정보들을 찾아 인과관계를 찾는 이 일련의 과정이 공학에서도 기본이 되는 과정입니다. 경제학과 공학에서 다루는 정보들은 매우 많지만 전부 고려할 수 없기 때문에 주요하게 다루는 몇 가지 핵심 정보를 찾는 데 주력합니다. 따라서 공학 발전을 위한 연구와 개발의 기본은 얻고자 하는 최

---

35 자기자본 이익률(ROE, Return On Equity), 총 자산 이익률(Return On Assets), 주가순자산 비율(PBR, Price to Book Ratio), 주가수익 비율(PER, Price to Earnings Ratio), 변동성 지수(VIX, Volatility Index), 대한민국 종합주가지수(KOSPI, Korea Composite Stock Price Index) 등

종 결과와는 별개로 검토하고자 지정한 정보 변화에 따라서 결과 들의 경향성을 찾는 데 목적이 있습니다.

실제로 몇몇 정보를 다뤄보면 정보의 종류와 크기에 따라 인 과관계 및 경향성이 각기 다름을 알 수 있습니다. 어떤 변화는 결과를 좋게 만들기도 하지만, 나쁘게 만들기도 합니다. 이를 각 각 비례 관계, 반비례 관계라 합니다. 이 비례 및 반비례 관계에 서도 특히 크게 변화시키는 변수들이 있는가 하면, 변수 크기를 크게 변화시켜도 결과는 작게 변화하는 관계도 있습니다. 이러 한 정보와 결과의 경향성을 잘 알게 된다면, 한정된 연구 시간과 연구비를 가지고도 상대적으로 좋은 결과를 얻을 수 있습니다. 또한, 한정된 시간과 재원을 가지고도 최대의 행복을 얻을 수도 있습니다.

현재까지 알려진 모든 생명체는 생명 활동을 위해 에너지를 사용하여 신체 물질로 저장함으로 성장하고 나머지는 배출합니 다. 생명 활동이 끝나는 순간부터 신체 물질로 저장한 에너지까 지 모두 시스템으로 배출하게 됩니다. 신비하게도 이러한 생명체 의 에너지 순환 과정 자체는 모든 생명체와 동일하나, 순환되는 에너지의 양과 시간은 개체마다 상이합니다. 또한, 변환 효율에 도 차이가 있습니다. 따라서 종이 같더라도 어떤 개체는 에너지 를 신체 물질로 저장하는 데 효율이 좋아 체격을 키울 수 있다면, 상대적으로 체격이 낮은 개체가 존재하기도 합니다. 생태계에서 는 우월한 체격을 가진 개체가 체력과 운동 신경 또한 좋기 때문에 장수할 확률이 높습니다.

이러한 생명 활동과 마찬가지로 생산품 또한 제품군으로 구분됩니다. 생산 기업별로 조금씩 상이하지만, 일반적으로 최신 기술을 적용해 최고의 성능을 가진 제품군을 플래그십(Flagship), 프리미엄(Premium), 하이엔드(High-end)로 구분합니다. 준전문가용으로 상위 기능을 일부 포함하는 제품군을 프로(Pro) 혹은 어드밴스드(Advanced), 성능과 가격을 균형 있게 배분하여 가장 많은 생산을 목적으로 하는 제품군을 미드레인지(Mid-range) 혹은 메인스트림(Mainstream)이라 합니다. 제품군으로 분류될 수 있는 최소 기능으로 생산된 보급용 제품군을 엔트리(Entry-level), 스탠더드(Standard)라 합니다.

생산 제품군은 기능면에서의 순번으로 나뉘기도 하지만, 투입되는 생산 비용 순번과도 동일합니다. 그렇기 때문에 소비자에게 좋은 제품이란 생산 제품군의 기능면 순번과 동일하진 않습니다. 소비자에게 좋은 제품이란 기능 외에도 구입 비용이 포함되어, 저렴한 비용으로 최고 성능을 내는 제품입니다. 이를 현대어로는 가성비(가격 대비 성능비)라 일컫습니다.

생산품의 성능 등급표와 같은 기준은 기업에서 직접적인 경영 전략으로 활용됩니다. 기업은 영리를 위해 재화나 용역을 생산하고 판매하는 조직체입니다. 따라서 기업은 존속을 위해서라도 생산품의 기능과 비용을 균형 있게 관리해야만 합니다. 세계 최고 성능 제품을 생산하는 기업일지라도 이윤 없어 적자를 보게 된다면 해당 기업은 기업 활동을 유지할 수 없게 됩니다. 따라서 아무리 성능이 좋은 제품이라도 기업에 적자를 남기는 제품이라면 판매를 제한할 수밖에 없습니다.

반면, 엔트리 제품일지라도 이윤을 남긴다면 주력으로 생산하도록 관리하게 됩니다. 물론 실제 기업 경영은 단순 제품의 판매 이윤만이 아닌 기업 이미지와 시장 니즈 등과 같은 다른 요인들과도 관계가 있지만, 기본적인 경영활동은 생산하고 판매하는 재화와 용역의 가치가 중심이 됩니다.

행복과 경제적 요인 관계 또한 기업의 경영활동으로 도출되는 가치와의 관계와 동일합니다. 기업은 태생적으로 이윤 창출을 목적으로 하는 조직체이며, 그 존재 이유는 단순히 제품이나 서비스를 공급하는 것을 넘어 시장에서 지속 가능한 생존을 유지하는 데 있습니다. 그러나 시장 환경은 끊임없이 변화하고 경쟁은 심화되기 때문에 기업은 자신의 역량과 시장 상황에 맞는 생존 전략을 택해야만 합니다. 대표적인 두 가지 전략이 바로 고부가 가치 생산과 박리다매 생산입니다. 이 두 전략은 표면적으로는 상반된 접근처럼 보이지만, 본질적으로는 모두 자원을 효율적으로 활용하여 기업의 존속과 성장을 도모한다는 점에서 동일한 목표를 지니고 있습니다.

먼저, 고부가 가치 생산은 기업이 한정된 자원을 투입해 얻을 수 있는 산출의 질을 극대화하는 전략입니다. 이는 단순히 많은 물건을 생산하는 것이 아니라, 희소성과 차별화된 기술, 독창적

디자인, 프리미엄 브랜드 이미지를 기반으로 경쟁사와 차별화된 가치를 만들어내는 방식입니다.

예를 들어, 애플이나 테슬라 같은 기업은 생산 단가가 높더라도 혁신적인 기술과 독창적인 사용자 경험을 제공함으로써 제품 하나하나에서 높은 마진을 확보하고 있습니다. 이는 소품종 소량 생산 체계와 맞물려 있으며, 고급 인력, 첨단 기술, 정교한 공급망 관리가 필수적으로 요구됩니다. 고부가 가치 전략을 추구하는 기업은 시장 내에서 가격 경쟁이 아닌 가치 경쟁을 통해 생존력을 확보하고, 이를 통해 브랜드 충성도와 장기적 경쟁 우위를 강화할 수 있습니다. 다만, 이 전략은 끊임없는 연구개발(Research & Development) 투자와 기술 혁신이 전제되지 않으면 금세 경쟁사에게 추월당할 위험이 따릅니다. 즉, 고부가 가치는 정체되는 순간 곧바로 고비용 구조로 전락할 수 있다는 양날의 검을 지니고 있습니다.

반면, 박리다매 생산은 제품 단가와 마진은 낮더라도 대량생산과 빠른 유통을 통해 총이익을 극대화하는 전략입니다. 이는 규모의 경제(economies of scale)와 속도의 논리에 기반하며, 낮은 가격과 빠른 공급으로 시장 점유율을 확대하는 것이 핵심입니다.

대표적으로 패스트 패션 브랜드 자라(ZARA), 대형 전자상거래 기업 아마존(Amazon), 대중적 생활용품 기업 P&G(The Procter & Gamble Company) 등이 이러한 전략을 활용하고 있습니다. 이들은 가격 경쟁력을 기반으로 대규모 고객층을 확보하고, 빠른 재고 회전율을 통해 자본 효율성을 높입니다. 다만, 박리다매 전략은 시장 진입 장벽이 낮고 경쟁이 치열하기 때문에 끊임없는 운영 효율화와 비용 절감, 공급망 관리 역량이 필수적입니다. 또한, 지나친 단가 압박은 품질 저하와 브랜드 이미지 훼손으로 이어질 수 있으며, 장기적 생존을 위해서는 어느 정도의 가치 차별화가 필요합니다.

결국, 기업의 생존전략은 고부가 가치 생산과 박리다매 생산이라는 양극단 사이에서 균형을 찾는 과정이라고 할 수 있습니다. 일부 기업은 프리미엄 제품군과 보급형 제품군을 동시에 운영하여 시장 세분화를 통해 위험을 분산합니다. 예를 들어, 자동차 산업에서는 고급 브랜드를 통해 브랜드 이미지를 강화하면서도 보급형 차량을 대량 생산하여 안정적인 현금 흐름을 확보합니다. 스마트폰 산업에서도 플래그십 모델과 엔트리 모델을 함께 운영하는 방식이 이를 잘 보여줍니다.

즉, 기업에게 중요한 것은 한 가지 전략만을 고집하는 것이 아니라, 시장 상황과 자사 역량에 맞는 최적의 조합을 설계하고 끊임없이 조정하는 것입니다. 고부가 가치 전략은 혁신과 차별화를 통해 미래 성장 동력을 확보하고, 박리다매 전략은 안정적인 현금 흐름과 대중적 기반을 마련해줍니다. 두 전략의 균형과 융합이야말로 불확실성과 경쟁이 극심한 현대 시장에서 기업이 살아남는 핵심 열쇠라 생각합니다.

기업의 생존전략을 개인의 삶에 투영해본다면, 개인 또한 고부가 가치와 박리다매 원리를 적용해 자신만의 생존전략을 수립할 수 있습니다. 개인이 가진 자원은 시간, 체력, 지식, 관계망, 자본 등으로 제한되어 있으며, 이를 어떻게 배분하느냐에 따라 삶의 성패가 갈리게 됩니다. 따라서 개인은 전문성 강화(고부가 가치)와 다변화 속도 확보(박리다매)를 균형 있게 조합하여 불확실한 사회에서 지속 가능한 생존을 도모해야 합니다.

첫째, 전문성 강화 전략은 기업의 고부가 가치 생산에 해당합니다. 개인이 보유한 지식과 경험, 기술을 특정 영역에서 차별화된 수준으로 끌어올려 희소성과 대체 불가능성을 확보하는 것입니다. 전문성을 가진 개인은 동일한 시간과 노력을 투입하더라도 더 높은 성과와 보상을 얻을 수 있으며, 사회적 협상력 또한 강화됩니다.

예를 들어, 단순 반복 업무는 인공지능과 자동화 기술로 대체되기 쉽지만, 창의적 설계, 고도의 분석 능력, 인간적 통찰이 필요한 업무는 대체가 어렵습니다. 따라서 개인은 끊임없는 학습과 경험 축적을 통해 전문성을 심화시켜야 하며, 이는 곧 안정적 생존과 자기실현으로 이어집니다. 전문성이란 단순히 학문적 지식이나 기술만을 의미하지 않습니다. 특정 분야에서 독창적 관점을 제시하거나 문제 해결 능력을 갖추는 것 또한 전문성입니다. 결국, 개인에게 고부가 가치란 자신의 시간과 노력을 시장에서 가장 높은 가치로 환산할 수 있는 능력이라고 할 수 있습니다.

둘째, 다변화와 속도 확보 전략은 기업의 박리다매 생산에 대응합니다. 이는 한 가지 역량이나 수입원에만 의존하지 않고, 여러 방면에서 기회를 창출하여 생존 리스크를 분산하는 방식입니다. 현대 사회는 불확실성이 크기 때문에 안정적 직업 하나만으로는 위기 상황에 대응하기 어렵습니다. 따라서 개인은 본업 외에도 다양한 부수입 구조나 경험을 통해 생존 기반을 강화할 필요가 있습니다.

예를 들어, 주된 직업과 함께 프리랜서 활동, 온라인 창작, 소규모 투자 등을 병행함으로써 위험을 분산시킬 수 있습니다. 또한, 속도는 정보화 시대의 또 다른 경쟁력입니다. 빠르게 변하는 환경에서 기회를 포착하고 실행으로 옮기는 능력은 단순히 노력의 양을 넘어서는 성과를 만들어냅니다. 기업이 재고 회전율을 높여 수익성을 확보하듯, 개인은 학습 속도와 실행력을 높여 자신에게 주어진 시간을 최대한 활용해야 합니다.

결국, 개인의 생존전략은 전문성이라는 깊이와 다변화라는 넓이를 동시에 추구하는 균형에 달려 있습니다. 전문성만 추구하면 외부 환경 변화에 취약해지고, 다변화만 추구하면 깊이 있는 성과를 내기 어렵습니다. 따라서 개인은 핵심 역량을 꾸준히 강화하면서도 다양한 부차적 기회를 병행하여 리스크를 분산해야 합니다. 이는 기업이 고부가 가치와 박리다매를 병행하는 것과 같은 원리입니다.

나아가 개인의 생존전략은 단순히 경제적 생존을 넘어 삶의 질과 행복과도 직결됩니다. 전문성을 통한 성취감은 자기 효능감을 강화하고, 다변화를 통한 경험은 삶의 다양성과 풍요로움을 확장합니다. 따라서 개인은 기업의 경영 전략을 단순히 모방하는 수준에 머무르지 않고, 이를 자기 삶의 철학과 방식으로 내재화해야 합니다. 결국, 전문성과 다변화의 균형을 이룬 개인만이 불확실성이 일상화된 현대 사회에서 지속 가능한 생존과 성장을 동시에 이룰 수 있다고 생각합니다.

경제는 공학의 효율과 가장 밀접합니다.

내 행복이
바라보는 곳

'대한민국의 행복 전도사'라 불리는 아침편지 문화재단의 고도원 선생님은 행복한 인생을 살기 위한 방법으로 '꿈 너머 꿈'을 이야기합니다. 선생님께서 사용하시는 꿈[36] 너머 꿈을 의미하는 대표적 단어는 비전(Vision)[37]입니다. 비전을 의미하는 한국어가 마땅히 없는 관계로 이사장께서 적당하게 번역하신 표현입니다. 그러고는 여러 매체나 강의에서 청중들에게 꿈과 꿈 너머 꿈(비전)이 무엇이냐고 물어봅니다. 이 질문을 들은 청중들은 대부분 직업을 답한다고 합니다. 연이어 그 직업을 갖게 된 후에 무엇을 하고 싶은지를 물으면, 이에 대한 대답을 잘 못한다고 합니다.

행복을 현실화시키기 위해 꿈과 비전이 중요함은 이미 잘 알

36 　실현하고 싶은 희망이나 이상

37 　미래상이나 내다보이는 미래의 상황

려진 사실입니다. 하지만 고도원 선생님의 강연에서 청중과의 대화를 들어보면 한국에서의 꿈은 희망이나 이상이 아닌 직업이 되어 있고, 직업을 갖게 된 이후의 미래를 생각해보지 않은 직업 자체만을 바라고 있었습니다. 이런 꿈과 비전을 가진 인생은 직업을 갖게 되면 그 이후에 접하게 되는 많은 시련과 고난을 버틸 수 없습니다. 이사장께선 이를 잘 알고 계시기에 꿈 너머 꿈이라는 표현인 비전을 중요하게 생각하길 바라십니다.

여러 학문들로부터 찾아본 행복과 앞으로 공학적인 방법으로 찾아볼 행복은 꿈이자 동시에 비전이 됩니다. 다만, 행복이란 단어로 설명이 끝나지 않고 행복을 느끼게 하는 상황 혹은 대상들을 찾아보고 쟁취하는 방법에 대해 공학을 활용하고자 합니다. 가장 먼저 해야 할 단계는 다루고자 하는 모든 정보를 숫자와 단위를 붙여서 정량화하는 것입니다. 그리고 정량화한 정보들을 단위들 기준으로 한 그룹으로 정리한 다음 두 개 이상의 그룹화된 정보들의 관계성을 찾아보려 합니다. 두 개 이상의 정보 그룹들 중에 관계성이 있는 그룹들이 많으면 많을수록 행복을 찾을 수 있는 선택지의 다양성이 늘어납니다.

개개인의 시간과 노력을 투입해서 그 관계성들을 늘릴 수도 있지만, 대부분은 타인의 도움으로 채울 수도 있으며, 간혹 많은 정보 그룹으로 인해 굳이 직접 채우지 않아도 자연적으로 채워지는 경우도 있습니다. 이렇게 정보의 정량화부터 그룹화, 배치와 재배치 그리고 그 관계성의 추정들로 구성된 일련의 과정들을 반

행복 알고리즘

복하며 누적시킨 관계성은 경험하지 않은 결과들을 유추하거나 행복을 쟁취하는 데 사용할 수 있습니다.

모든 지식은 행복을 찾는 데 도움이 됩니다.

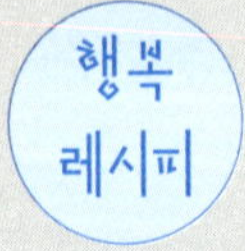

타인의 행복 참고하기

1. 행복 관찰하기

주변에서 행복하다고 느껴지는 사람 세 명을 선정합니다. 그들이

행복을 느끼는 순간과 이유를 구체적으로 기록해보세요.

2. 행복 패턴 찾기

타인의 행복을 분석하여 공통적으로 나타나는 요인을 세 가지 발

견해보세요. (예: 감사, 작은 성취감, 인간관계 등)

3. 모방에서 나만의 것으로

타인의 행복 패턴을 일주일 동안 직접 실천해보고, 자신의 감정

변화와 지속 가능성을 기록해보세요.

PART 2

세상을 바라보는
새로운 시도,
공학적 관점

3장

숫자와 단위는
전 세계 공용어

인간 지능의 위대한 산출물
: 지식

행복은 사회적 관점으로 보면 결국 학문의 지식으로 설명됩니다. 저는 학문의 지식을 파헤치다 보면 행복의 실마리를 찾을 수 있다고 생각합니다. 과거부터 현재까지 축적된 무한한 지식 속으로 들어가기 전에 다루지 않아도 될 낮은 가치의 지식을 고민했습니다. 하지만 지식은 문명에 끼친 영향의 크기나 방향과는 별개로 그 자체로 소중한 가치를 가지고 있습니다. 어느 지식이든 가치가 낮은 지식은 없으며, 사소한 지식일지라도 모이고 모여 큰 흐름의 지식이 됩니다.

전자기학의 아버지 마이클 패러데이(Michael Faraday)가 처음 전자기 유도 현상을 발견했을 때의 일화와 어록이 유명합니다. 패러데이는 전류가 흐를 수 있는 도선 근처에서 자석을 움직이자 전구가 살짝 빛이 날 만큼 미세하게 전류가 흐르는 현상을 찾아냈습니다. 매우 미세한 전류의 발생을 본 다른 이들이 무슨 쓸모가 있는지 의문을 던질 때, 패러데이는 이렇게 반문합니다. "갓 태어난 아기가 무슨 쓸모가 있겠는가?(What good is a new-born baby?)" 패러데이가 발견한 작은 아기였던 전자기 유도는 현재 전기를 사용할 수 있게 해준 발전기와 변압기를 탄생하게 한 가장 중요한 이론이 되었습니다.

범죄나 전쟁 같은 파괴적인 역사를 만들어내어 문명을 퇴보하게 한 지식조차도 더 나은 세상을 대비할 지식의 밑거름이 되어 왔습니다. 근대 역사상 파괴적인 전쟁 무기로는 원자폭탄, 수소폭탄 같은 핵폭탄이 있습니다. 제2차 세계대전 당시 일본에 투하된 원자폭탄은 약 20만 명의 사상자를 발생시켰습니다. 냉전시대 소련 연방에서 제작한 수소폭탄은 사용된 적이 없지만 원자폭탄보다 위력이 더 크며 현존하는 최고 위력의 폭탄으로 기록되어 있습니다. 원자폭탄과 수소폭탄 같은 파괴적인 기술은 전쟁의 승리라는 목적으로 개발되었습니다.

하지만 개발 이론이 된 핵분열은 원자력 발전소에서 전력 생산, 우주 원자력 추진체로 탐사선의 연료, 방사성 동위원소 이용으로 의료용 진단과 치료에 사용되고 있습니다. 또한, 핵융합은 ITER[38]이라는 핵융합 발전으로 개발 중이며, 고온 플라즈마는 반도체와 의료에서도 사용되고 있습니다. 그리고 거의 무한한 에너

---

38 International Thermonuclear Experimental Reactor(국제 핵융합 실험로)는 상용화 가능 최소 핵융합 효율의 확실한 달성을 목표로 하는 국제공동 핵융합 실험이다.

지원인 태양 에너지 원리를 이해하는 데 기여했습니다.

과학기술이 항상 인간에게 번영과 풍요를 가져다주리란 의견은 폭탄 같은 개발품 때문에 확실한 지지를 받지 못합니다. 이러한 상반된 의견은 공상 과학 소설과 영화로도 나뉩니다. 한국인들에게 제법 유명한 영화인 〈아이언맨〉에 나오는 기계와 인공지능은 결국 외계 침공으로부터 인간을 지켜주는 역할을 합니다. 이에 비해, 영화 〈터미네이터〉의 기계와 인공지능은 인간을 세상에서 배제하려 합니다. 이처럼 인간이 추구하는 문명의 끝이 유토피아(Utopia)일지 혹은 디스토피아(Dystopia)일지에 대한 의견은 아득한 과거부터 현재까지 여전히 분분합니다.

하지만 상반된 두 가지 예측의 이유 모두 결국 디스토피아적 세계를 방지하고 유토피아적 세계의 형성을 갈망하는 염원이 반영되어 있습니다. 아득히 먼 예로부터 인간은 생명 활동 범위인 문명 세계에서 행복함을 추구할 뿐만 아니라 여전히 존재 여부를 알 수 없는 사후 세계에서도 영원한 행복을 뜻하는 천국을 갈망해왔습니다. 천국의 갈망이란 사실 하나만으로도 저는 인간이 생성하는 모든 지식을 결국 현재까지 이어지는 불행함을 딛고 일어나 내일의 행복을 추구하고자 하는 염원을 담은 수단이라고 생각합니다. 그 지식들의 관점과 추구하고자 하는 결과물들의 성향에 따라 체계화된 분류가 학문입니다.

종교학은 신의 의도로서 행복을 염원하고, 철학은 더욱 명확한 논리로 행복을 찾아보며, 역사와 사회는 그 시대 행복의 흐름을 보여줍니다. 언어와 문학은 행복을 객관화하여 전달할 수 있게 했으며, 예술은 기존의 행복보다 더 큰 행복을 찾게 해줍니다. 공학은 이 모든 지식을 제품 혹은 시스템으로 구현해 물질적으로 현실화시키는 데 도움을 주고 있습니다. 이 외에도 모든 학문의 지식은 목적하는 바에 맞게 행복한 미래를 만드는 데 도움을 주고 있습니다.

모든 지식들은 학문의 분야와는 관계없이 한 가지 이상의 경험과 관찰, 이성적 논리와 추론, 사회적 검증과 합의, 기술적 요인에 따라 생성됩니다. 가장 쉬우면서도 고전적인 지식 생성 방법은 직접 경험하거나 실험을 통해 정보를 얻는 것입니다. 대부분의 지식은 경험과 관찰로부터 생성되지만, 인간은 수집한 정보를 체계적으로 해석하고 논리적 구조를 세운 추론을 통해서도 지식을 생성해왔습니다.

이 두 가지 요인으로 모든 지식이 생성되지만, 생성된 지식이 사회적으로 통용되기 위해서는 당연히 사회적 인정이 필요합니다. 이를 사회적 검증과 합의라 합니다. 지식의 생성이 아닌 평가로 도리어 생성에 방해가 될 것 같지만, 생성된 지식이 항상 진실이지만은 않기 때문에 검증과 합의는 꼭 필요합니다. 물론 사회적 검증과 합의 때문에 진실이 가려진 예가 있는데, 중세 유럽 종교와 과학의 대립이 대표적입니다. 15세기 니콜라우스 코페르니쿠스와 갈릴레오 갈릴레이 등의 천문학자들이 관측에 근거한 지

행복 알고리즘

동설[39]을 주장했음에도 천주교리에 입각한 천동설[40] 때문에 받아들여지지 않았습니다. 이러한 지식의 생성과 검증 과정은 최근까지 지식의 정립 방식이었습니다.

최근 급격히 발달하는 인공지능 기술은 기존의 지식 생성 방법을 고전적인 방식으로 만들면서 새로운 지식 생성 방식으로 자리매김하고 있습니다. 인공지능에 따른 지식 생성 방법은 누적된 지식을 빠르게 수집 및 검색 체계화하여 다룰 수 있는 데이터 기술에 기반하며, 기존에 존재하는 지식 자체의 새로운 배열만으로도 기존과는 다른 지식을 생성할 수 있게 되었습니다.[41]

행복 역시 유구한 시간 속에서 생성되고 다뤄진 지식 중 하나입니다. 행복이란 지식을 생성하고 다루기에 한 사람의 인생은 짧은 것입니다. 하지만 이미 타인들이 경험하고 관찰했으며, 이

성적인 논리로 추론하고, 사회적 검증과 합의를 얻어냈으며, 기술적 요인으로 생성되고 다뤄진 행복을 정리한다면 짧은 시간과 적당한 노력에도 자신만의 행복을 찾을 수 있다고 생각합니다.

모든 지식에는 수많은 인생과 시간이 깃들어 있으니 소중히 여겨주세요.

지식을 전달하는 방법

지식 전달은 생성과는 다르게 지식 전달자와 수용자인 두 명 이상으로 구성된 인간 사이, 인위적인 상호관계에서 이루어집니다. 따라서 전달 수준은 지식을 생성할 때처럼 지식을 다루는 인간 개체 하나의 수준에만 국한되지 않고 지식을 전달하려는 인간의 수준과 상호 수준의 균형도 매우 중요합니다. 전달자 수준이 상대적으로 높으면 수용자는 전달자의 지식을 이해하기 어려워하며, 반대로 수용자 수준이 높으면 전달하려는 정보를 재해석하거나 생성하는 정도의 노력을 기울여야 의도하는 바를 제대로 전달받을 수 있습니다. 둘 다 수준이 낮으면 의도한 바는 전달되지 않고 불필요한 오해만 생기기도 합니다.

이상적인 지식 전달에서 전달자는 수준이 높아 전달하려는 지식에 대한 정확한 이해와 수용자의 이해 수준에 맞는 다양한 논리와 표현 그리고 태도까지도 구사할 수 있어야 합니다. 수용자 역시도 그동안 알고 있던 지식에서 어긋나거나 이해하지 못했던 부분에 대한 이해를 바탕으로 새로운 지식을 받아들일 수준이 필요합니다. 지식을 전달하기에 앞서 전달자와 수용자의 수준을 정확히 알고 있다면 전달 효율성과 정확성이 향상됩니다.

하지만 대부분의 전달 상황에서는 상호간의 배경 지식이나 성향을 정확히 알고 있지 못하기 때문에 지식을 전달하는 데서 수준을 정확히 맞추기에는 한계가 있습니다. 그나마 지식을 전달하려는 주체인 화자, 교육자 등과 수용하려는 주체인 청자, 학습자 등이 동일한 시공간에 존재할 경우에는 피드백을 통해 전달 방법을 변경하면서 전달자와 수용자 간의 수준 차이를 조절할 수 있습니다. 이와 같은 지식 전달 방식을 넓은 의미로 교육이라 하며, 현재 가장 직관적이고 효율적인 방법으로 자리 매김하고 있습니다.

하지만 전달자가 수용자에게 직접적으로 지식을 전달하는 방법은 시공간 제약에서 벗어날 수 없기에 지식의 전달 속도와 범위가 낮을 수밖에 없습니다. 인류 역사상 낮은 정보 전파력을 획기적으로 향상시킨 도구가 앞서 언급한 언어이며 문자입니다. 인간 종의 역사는 400만 년 전이나 문자와 문명의 출현은 이보다 훨씬 뒤인 기원전 3500년 전으로 추정하고 있습니다. 이후 시대부터는 문자로 남겨진 지식을 통해서도 전달받을 수 있게 되면서 교육이 시공간을 초월하게 되었습니다.

　비교적 최근인 19세기까지만 하더라도 시공간을 초월한 전달 방식은 문자를 기반으로 한 기록이 유일했습니다. 19세기 이후부터는 음성과 영상 디지털 기록 장치, 데이터 저장과 인터넷 기술, 컴퓨터와 모바일 기기 같은 도구들이 상용화됨에 따라 시공간 제약에서 완벽하게 벗어나게 되었습니다. 인간 교육의 역사는 문명과 함께해왔고 시공간 제약에서 벗어난 만큼 지식 전달의 질이 과거에 비해 향상되었음은 근거를 찾지 않아도 인정할 수 있는 사실입니다.

　그럼에도 불구하고 지식 전달의 효율성 향상에 대해 의문이 생기는 이유는 전달하고 수용해야 할 지식의 양이 과거에 비해 급속하게 늘어나기 때문입니다. 문명이 형성되고 나서 기원전 1년까지 증가한 인구수보다 기원 1년부터 현재까지 증가한 인구 수가 약 4배 정도 더 많습니다. 게다가 수명도 증가하기에 한 인간이 살아 있는 동안 받아야 할 교육의 시간도 증가했고 지식을 생성하는 시간도 더불어 증가했습니다.

　즉, 과거보다 지식 전달에서 지식의 질이 급격히 향상됨과 동시에 전달의 양 또한 급격하게 향상되었습니다. 결국 지식을 전달하는 데 효율적인 방법은 전달 방식의 질과 양과는 무관한 것으로 이해해도 무방하다고 생각합니다. 도리어 과거부터 현재 그리고 먼 미래까지도 전달 수단보다 전달자와 수용자의 상호관계가 중요한 듯합니다. 즉, 전달자가 전달하고자 하는 지식을 수용자 수준에 맞게 간결하고 정확한 핵심으로 요약하여 전달할 수 있는가가 중요합니다.

　마지막으로, 행복을 찾는 과정에서 지식 전달법을 이해하는 일은 선택이 아니라 필수라고 생각합니다. 행복은 정답이 아니라 '지속적으로 조정되는 방정식'에 가깝기 때문에, 나와 타인의 수준을 맞추어 핵심을 간결하게 주고받는 능력이 있을수록 시행착오와 시간 그리고 감정의 낭비가 줄어듭니다. 반대로 수준 불일치와 장황한 전달은 오해 및 좌절을 낳아 동기와 관계를 해치며, 이는 곧 삶의 만족도를 떨어뜨립니다. 잘 설계된 전달은 의미 있는 정보 → 실천 가능한 지식 → 체감되는 변화로 이어지는 경로를 짧게 만들고, 개인에게는 자기 효능감과 선택의 자율성을, 공동체에는 신뢰와 협력을 증대시킵니다. 결국 지식 전달은 행복을 향한 여정에서 학습의 속도(얼마나 빨리 이해하느냐)와 학습의 전이(얼마나 잘 삶에 적용하느냐)를 동시에 끌어올리는 메타 역량[42]이며, 이를 아는 것 자체가 더 나은 삶을 설계하는 첫걸음이라 하겠습니다.

　효율적인 지식 전달 방법은 대상 수준에 맞는 핵심 요약입니다.

42　자신의 사고 과정을 스스로 관찰 및 평가하고, 문제 해결을 위해 스스로 질문을 정의 및 조정하는 능력

지식 전달의 효율을 높이는 방법
: 객관적 표현

지식은 형태, 전달 방식, 인식 방법, 활용 목적과 같은 다양한 기준에 따라 구분됩니다. 지식 형식에 따라, 알려진 지식이 객관적으로 검증 가능하고 설명되기에 기록으로 정리되어 쉽게 전달 가능한 명시적 지식(Explicit Knowledge), 이에 비해 개인 경험에 기반한 직관, 기술, 노하우 등과 같이 전달이 어려운 암묵적 지식(Tacit Knowledge)으로 구분됩니다.

다른 기준으로는 전달 방식에 따라서도 구분됩니다. 지식을 습득하는 주체가 몸을 움직여 진행하는 실험, 관찰, 체험과 같은 경험을 통해 습득한 지식을 직접적 지식(Direct Knowledge), 타인이 직접 경험한 지식을 독서, 강의, 기타 매체 등과 같은 기록을 통해 습득한 지식을 간접적 지식(Indirect Knowledge)이라고 합니다.

인식 방법에 따라서는 경험 없이 이성과 논리만으로 이해하는 선험적 지식(Priori Knowledge), 직간접적인 경험을 통해서 습득하는 후천적 지식(Posteriori Knowledge)으로 구분됩니다. 지식의 활용 목적에 따라서도 구분됩니다. 학문적 탐구를 통해 원리와 개념을 이해하는 데 초점을 맞춘 이론적 지식(Theoretical Knowledge)이 있으며, 실제 문제 해결과 적용에 초점을 맞춘 실용적 지식(Practical Knowledge)이 있습니다. 이외에도 철학적, 사회적, 과학적 지식과 같이 학문에 기반한 지식 구분도 있습니다.

여러 문단을 할애하여 다양한 지식 구분을 설명했지만, 우리에게 지식의 명확한 구분보다 다양한 지식을 이해하고 활용하는 방식이 핵심임을 이미 잘 알고 있습니다. 그럼에도 불구하고 지식의 구분을 설명한 이유는 지식의 형식 기준에 따라 나뉘는 명시적 지식과 암묵적 지식의 차이가 지식을 전달하는 일에서 전달 효율의 결과를 직관적으로 보여주기 때문입니다.

기록으로 전달하기 어려운 암묵적 지식을 얻기 위해서는 직접적인 경험이 필수적으로 수반되어야만 합니다. 이에 비해 기록으로 전달할 수 있는 명시적 지식은 직접적으로 경험하지 않고도 간접적으로 얻을 수도 있으며, 더 나아가 선험적으로도 습득할 수 있습니다. 즉, 기록을 통해 전달할 수 있는 지식이 기록으로 전달할 수 없는 지식보다 전달 효율이 높음을 의미합니다. 이는 앞서 언급했듯이 언어의 효율성과 위대함을 다시 한번 강조하는 결과로 이어집니다. 언어를 사용하는 전달은 다른 전달 방식보다 좀 더 객관적인 전달을 가능하게 합니다.

지식 전달의 효율성을 향상시키는 데는 객관적 표현이 더욱
효과적입니다.

세상에서 가장 객관적인 지식 전달 방법
: 숫자와 단위

언어는 인간이 표현하고자 하는 바를 전달하기 위해 사용하는 음성, 몸짓, 표정, 문자, 숫자, 이미지, 심지어 침묵도 포함하는 복합적인 표현 체계입니다. 최근에야 음성과 영상 기록 장치가 보편화된 도구로 사용되며 모든 언어를 기록할 수 있게 되었지만, 그 전까지는 언어 중에 기록이 가능한 표현 체계는 문자와 숫자, 이미지 정도가 전부였습니다.

나머지 언어의 전달 체계들은 지식을 전달하는 데 시공간의 제약을 받을 수밖에 없기 때문에 전달하고자 하는 지식은 문자와 숫자 그리고 이미지를 적당하게 사용하여 기록했습니다. 지식을 기록할 수 있게 되자 그 기록을 다른 시간과 공간에 존재하는 불특정 다수에게도 전달할 수 있게 되었습니다.

객관성이란 여러 사람들의 합의를 통해 확보할 수 있기에 기본적으로 문자와 숫자 그리고 이미지는 다른 표현 체계보다는 객관성을 확보할 수 있었습니다. 이중 이미지는 일반적으로 시각적으로 보이는 장면을 그대로 표현한 것이기도 하지만, 사회적인 약속을 통해 의미를 가진 기호도 이미지에 포함됩니다. 즉, 기록이 가능했던 언어 중 이미지는 사회적 약속인 기호, 즉 문자와 숫자를 포함하기 때문에 표현 체계에서 따로 구분된 이미지는 단순한 시각적 장면으로 이해해야 합니다. 그렇다면 이미지는 지식 전달에서 객관적이기보다는 주관적인 표현에 더 가까움을 알 수 있습니다.

앞서 언급한 바와 같이, 문자와 숫자는 다른 언어 체계보다 상대적으로 객관적인 표현이 가능하도록 전 세계적으로 약속되어 있습니다. 굳이 비교하면 문자보다 숫자가 훨씬 객관성이 높습니다. 국가나 민족에 따라 사용하는 문자는 제각각이지만 숫자는 전 세계 인류가 공용으로 사용하는 언어 체계입니다. 현재 전 세계적으로 사용하는 아라비아 숫자의 형태와 기수법은 7세기 인도에서 기원한다고 알려졌는데, 전 세계에 보편화된 시기는 1202년부터라고 합니다. '0, 1, 2, 3, 4, 5, 6, 7, 8, 9' 열 개의 기호로 이루어진 숫자는 9를 끝으로 자리수를 한 단계 올리는 십진법으로 모든 정수 표기가 가능합니다. 정수와 정수 사이의 숫자는 '.'(점, Dot)을 기호로 하는 표기법으로 유리수를 표현합니다. 후에 기술할 연산 결과값 표기를 위해 구분된 무리수와 허수까지 포함하여 모든 수를 표기할 수 있습니다.

이러한 '수'는 전 세계 누구에게 사용해도 동일한 개념을 갖도록 약속한 공통된 언어입니다. 간혹, Lucky Seven 혹은 죽음의 숫자 4, 악마의 숫자 6과 같은 별도의 의미들이 통용되긴 하지만, 이는 숫자 자체의 의미가 아니라 민족 역사나 언어 발음의 유사성과 같은 요인에 근거합니다. 이와 같이 사용하는 사람의 주관적 개념이 투영된 의미를 제외하면, 숫자가 본래 지닌 의미는 없습니다. 역설적이게도 열 개 기호로 이루어진 수 자체에 의미가 없기에, 세계 어디에서든 객관화된 정보를 전달하는 데 가장 유용한 언어입니다.

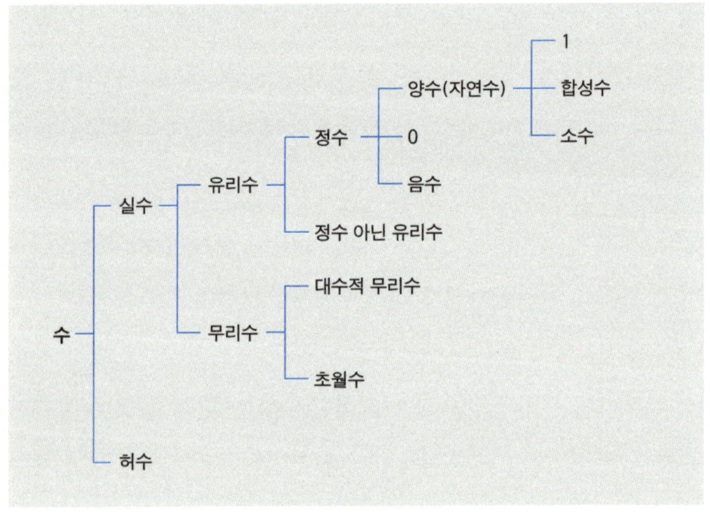

수의 체계

앞서 언급한 바와 같이 숫자가 지닌 의미는 없지만, 일상 생활에서 사용하는 숫자는 익숙한 대화 상대에게 전달하고자 하는 의미를 포함하여 의사전달이 되고 있습니다. 이때 숫자에 부여되는 의미의 정체는 문맥상 유추할 수도 있지만, 일반적으로 숫자 뒤에 붙는 단위에 기인합니다. 숫자 뒤에 시, 분, 초를 붙인다면 숫자의 의미는 시간을 표현하게 됩니다. 일상 생활에서 흔히 사용하는 다른 단위에는 통화 단위가 있습니다. 한국 통화 단위인 원, 미국의 달러, 유럽의 유로, 일본의 엔 등입니다. 물건의 양을 셀 때는 범용적으로 개를 사용하지만, 종류에 따라 꽃을 세는 송이, 옷의 단위인 벌, 나무의 단위인 그루 등이 있습니다. 국가나 문화, 지역과 같은 일정 범위 내 인간들이 정한 단위들은 숫자에 정량적 의미를 부여합니다. 이렇게 약속된 단위들은 물리학, 화학과 같은 과학 발전에서의 핵심이라 생각합니다.

현재 인류가 사용하는 단위는 공식적인 국제 단위계(SI, International System Units) 단위와 이외에도 비공식적이지만 널리 쓰이는 단위, 특정 분야에서 사용하는 단위들만 해도 수천 개에 이르는 것으로 알려져 있습니다. 모든 단위를 다룰 수 없지만, 국제 단위계의 기본 단위인 7개와 유도 단위 29개[43] 정도의 관계만 이해하면 다른 수천 개의 단위를 이해하는 데 어려움이 없으리라 생각합니다. 국제 단위는 국제 도량형 총회(CGPM, General Conference on Weights and Measures)에서 주석과 같이 정의되며, 기본 단위는 길

이를 표현하는 미터(m, meter), 질량의 킬로그램(kg, kilogram), 시간의 초(s, second), 전류의 암페어(A, ampere), 온도의 켈빈(K, kelvin), 물질의 양인 몰(mol), 광도의 칸델라(cd, candela)가 있습니다. 이와 같은 단위와 단위 앞에 사용하는 숫자는 해당 물리량의 많고 적음을 정량적으로 보여줍니다.

7개의 기본 단위로부터 속도(m/sec.)나 밀도(kg/㎥) 등과 같은 단위로 확장시킬 수 있으며 이를 유도 단위라 하여 29종의 단위도 존재합니다. 이와 같은 단위는 의미를 부여하기에 비교 대상의 기준을 명확히 해줍니다. 예를 들어, 정수 1과 2에는 1만큼의 차이가 있습니다. 이 정수에 길이 단위인 미터를 대입하면 1meter와 2meter로 표기할 수 있으며 이 둘은 1meter 차이임을 알 수 있습니다. 하지만 시간 단위인 1second와 전류 단위인 2ampere는 단위가 다르기에 비교 대상이 성립되지 않습니다. 이처럼 단위란 많은 사람들 간의 약속으로 정해진 물리량을 의미하며, 단위를 사용하여 지구상 존재하는 누군가에게 전달하는 일에서 객관적인 비교 구분과 정량 비교가 가능하게 됩니다.

숫자와 단위로 구성된 정보는 세상 누구에게도 동일한 의미를 전달합니다.

※ 부록의 '숫자와 단위'(280쪽)에 수와 단위들이 가지는 기본적인 의미를 이해하기 위한 추가 설명이 있습니다.

공학적 행복을 향한 첫걸음,
세상을 숫자와 단위로 보기

앞서 설명한 7개의 기본 물리 단위와 29개의 확장 단위는 우리가 살아가는 시공간을 정량적으로 표기하고 전달하는 데 개인적 이견이 포함되지 않은 객관적인 지식입니다. 따라서 과학자들은 다루는 모든 지식의 객관성을 확보하기 위해 숫자와 단위로 표현합니다. 즉, 과학적인 해석을 위해서는 필히 현상에 대한 설명을 숫자와 단위로 할 수 있어야만 합니다.

행복을 과학적으로 해석하기 위해서는 행복을 숫자와 단위로 설명할 수 있어야 합니다. 다만, 많은 사람들이 오랜 기간 동안 행복에 대해 고민해왔음에도 불구하고 그것은 요인에 대한 고민이 대다수였습니다. 아쉽게도 행복을 정량화하는 수와 단위에 대한 고민은 부족한 듯합니다.

제가 대학 2년생 때 수강했던 공학수학 담당 교수님께서 내준 과제가 행복에 대한 공식화였습니다. 과제를 내시면서 답은 없으며 답을 찾게 되면 노벨상을 수상할 만한 발견이라 조언하셨습니다. 당시 담당 교수님께 그만큼 어려운 과제임에도 불구하고 과제를 낸 이유를 질문했습니다. 교수님께서는 과제를 통해 세상을 바라보는 일에서 수학적인 관점을 깨닫길 기대한다고 하셨습니다.

저의 공학수학 교수님께서 낸 과제를 다시금 생각해봅니다. 최근 사회에서 자주 보이는 행복에 대한 신조어들을 예시로 다뤄보려 합니다. 몇 가지 신조어 중에 소소하지만 확실한 행복이란 뜻을 지닌 '소확행'이 있습니다. 소확행이 보여주는 행복의 요인은 문장 그대로의 의미인 크기에 상관없는 확실함입니다. 본인이 가용할 수 있는 자원 내에서 추가 보완 없이도 즉시 얻을 수 있는 보상으로도 해석할 수 있습니다. 추구하는 행복의 방식이 확실한 보상에 기인한다면 소확행 식의 관점과 해석이 매우 유용합니다.

소확행 외에도 행복을 추가하는 방식은 시대 환경에 따라 지속적으로 변화하고 있습니다. 경제 환경이 더욱 중요하게 된 근래에만 하더라도 현재의 만족감을 중요하게 생각하는 YOLO(You Only Live One), 40대 이후 조기 은퇴와 경제적 독립을 기대하며 이전 나이에 최대의 노력을 투자하는 FIRE(Financial Independence Retire Early)와 같은 삶의 방식들이 생겨나고 있습니다. 행복을 대하는 자세는 확실합니다. 그리고 각 신조어의 전체 문구에서 주요하게 생각하는 변수들이 무엇인지 가늠할 수 있습니다.

하지만 달성 방식에서부터 명확한 지침이 부족합니다. 공학적 관점으로 보자면, 명확한 지침이 없다는 것은 시스템(체계, 절차)이 없음을 의미합니다. 시스템의 부재는 곧바로 정량적 계획과 평가의 기준이 될 숫자와 단위도 포함되어 있지 않음을 의미합니다. 즉, 상황과 목적에 설정과 계획을 위한 정량화가 불가능합니다. 정량화에 대한 고민이 부족하다면 본인 상황에 적합한 기준이 모호해지고, 자신의 상황에 맞춰지지 않은 모호한 기준은 항상 불특정 다수의 타인 상황에 비교되기 때문에 비교 모집군에 따라 평가가 달라질 수밖에 없습니다. 타인의 상황을 기반으로 세워진 기준이 그나마 객관적이라면 다행이지만 편파적이거나 주관이 많이 포함된 기준이라면 본인 인생에 투입하는 노력의 결과가 본인이 아닌 타인의 평가에 영향을 받을 수밖에 없습니다. 따라서 공학적 행복을 위한 첫걸음은 세상을 숫자와 단위로 보려는 노력이라고 생각합니다.

세상을 숫자와 단위로 보려는 노력은 행복 공학의 첫걸음입니다.

4장

차원을 넘나드는 정보들

차원은 영어로 Dimension과 Level
: 규모, 관점, 수준

관찰이나 측정을 통해 수집한 자료를 실제 문제에 도움이 될 수 있도록 정리한 지식을 정보라고 합니다. 행복에 대한 정보를 다루기에 앞서 많은 정보를 객관적으로 다룸이 필요함을 설명했습니다. 이제는 수학적 기법인 함수를 이용하여 정보를 다룰 차례입니다. 행복 함수를 설명하기 위한 첫 개념은 함수의 축 혹은 차원(Dimension)입니다.

본래 함수의 축과 차원은 공간의 성질을 나타내는 단위로서 숫자만큼의 직선 방향으로 움직일 수 있는 방향의 개수를 의미합니다.[44] 0차원인 경우는 움직일 수 있는 방향이 없기 때문에 점의

---

[44] 수학과 물리학에서의 차원 개념은 다양하다. 차원을 공간으로 설명하는 수학적 개념이 '벡터 공간'이며, 물리학 개념으로는 3개의 공간 차원과 시간 차원으로 현 차원을 설명한다. 이외, 수학적 개념으로 다양체, 아우스도르프 차원, 르베그 덮개 차원, 크롤 차원이 있고, 물리학에서는 끈 이론이나 M-이론으로 차원을 설명하려는 시도가 있다.

공간을 의미합니다. 1차원은 선 형태의 공간을 의미하며, 2차원은 두 개의 선 형태의 공간이 결합되어 면의 공간, 3차원은 면과 면의 공간이 결합되어 부피를 가진 입체 공간이 됩니다.

보통은 3차원까지는 정적인 공간만으로 쉽게 이해할 수 있습니다. 4차원은 입체와 입체의 결합을 예상할 수 있는데 이를 상상하기는 쉽지 않지만, 물리학에서는 시간 흐름에 따른 3차원 공간들로 설명합니다. 4차원 이상의 고차원은 이해뿐만 아니라 설명하기도 어렵지만, 차원을 거듭할수록 새로운 방향으로 움직일 수 있는 자유도가 증가함을 이해하면 수학과 물리학에서 의미하는 차원의 기본을 이해했다고 생각해도 무방합니다.

	0차원	1차원	2차원	3차원	4차원
이미지					
도형	점	선분	면	육면체	초입방체
연결	-	점과 점	선분과 선분	면과 면	육면체와 육면체

차원의 확장 전개

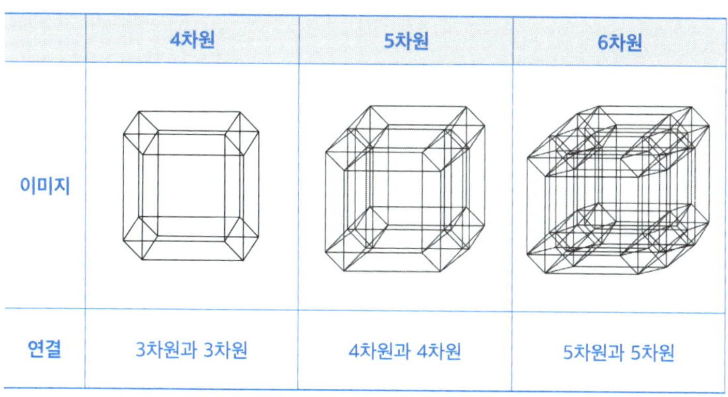

	4차원	5차원	6차원
이미지			
연결	3차원과 3차원	4차원과 4차원	5차원과 5차원

4~6차원까지의 초입방체 모습

차원을 좀 더 쉽게 이해하기 위해 일상 생활에서 사용하는 예시를 살펴봅니다. 게임과 영화 같은 시각 미디어에서 차원은 수학과 물리학에서 정의한 것 그대로 사용됩니다. 피사체를 나타내는 방식을 단면으로만 이미지화한 그래픽을 2D, 어느 면에서나 피사체를 볼 수 있게 부피를 가진 형상으로 구사한 입체 그래픽을 3D라고 합니다. 숫자 뒤에 붙는 D는 차원의 영어 표현인 Dimension의 약자임을 눈치 챌 수 있습니다. 즉, 시각 미디어에서 사용하는 2D 혹은 3D라는 표현에서의 숫자는 피사체 형상을 담아내는 축(Axis)의 개수를 의미합니다.

또 다른 일상 예시는 사람의 수준(Level)을 빗대어 생각하는 것으로 수준이 낮을 경우에는 낮은 숫자의 차원이라 칭하고, 일반적인 생각의 범주를 넘는 생각을 하는 사람에게는 높은 숫자의 차원이라고 합니다. 대표적으로 두 가지 일상 예시만으로도 차원은 본래 의미와 유사하게 이미지나 생각의 수준이 좀 더 복잡하지만 입체적인 표현이 가능한 정도를 뜻합니다.

저는 시각 미디어나 생각의 수준을 표현하는 차원과 같이 행복 또한 행복 요인들의 개수를 차원으로 표현할 수 있다고 생각합니다. 먼저, 행복을 표현 혹은 설명할 수 있는 고전적 요인은 기분, 스트레스, 정서적 안정성과 같은 감정적 요인입니다. 또한 건강, 피로도, 신체 활동 등과 같은 신체적 요인들이 감정적 요인들과 밀접히 관련되어 있습니다. 문명이 발달함에 따라 소속 사회의 범주가 늘어나면서 사회적 지지, 소속감, 대인관계 등 사회적 요인을 통해 행복을 설명할 수 있게 되었습니다. 또한, 최근 전 세계 사회는 자본주의가 기본 이념이 되면서 재정적 안정성과 자원 접근성 등에 기인하는 경제적 요인도 행복과 관련이 깊어지고 있습니다. 이외에도 개인들만의 자아실현과 목표의식, 인지적 만족감 등으로 설명할 수 있는 정신적/인지적 요인들 또한 행복을 설명할 수 있는 요인입니다.

위에 열거한 감정적, 신체적, 사회적, 경제적, 정신적/인지적 요인들을 행복의 주요 차원으로 고려하고 있습니다. 물론, 실제 행복의 상황은 이보다 훨씬 더 복잡하여 다른 요인들을 포함할 수 있습니다. 예를 들어 삶의 환경적 요인, 문화적 배경, 개인의 성향 등 추가적인 요인들은 얼마든지 고려될 수 있으며, 행복을 보다 정밀하게 설명하려면 10차원 이상의 고차원으로 확장될 수 있습니다. 3차원 공간에서 살아가는 우리에게는 차원의 수가 증가하면 할수록 가시화하기 어렵지만 후술할 함수라는 수학적 정의로 보면 보다 정밀한 표현이 가능해지는 것입니다.

차원은 표현하고자 하는 바를 공간의 도형으로 가시화하는 도구입니다.

한 차원에는
단위 하나만 들어가요

함수 축의 개수는 직선으로 움직일 수 있는 방향의 개수를 의미합니다. 이를 달리 표현하면, 제목과 같이 한 차원에는 한 단위로 표기되는 개념만 나타낼 수 있음을 의미합니다. 즉, 앞서 설명한 국제 단위계를 포함한 여러 단위들 하나가 앞서 이야기한 하나의 차원이 됩니다.

어찌 보면 당연한 개념이지만, 단위의 의미를 제법 심도 있게 다루지 않을 경우에는 혼동할 수 있습니다. 대표적인 예가 '시간 단위인 second와 전류 단위인 ampere는 서로 비교할 수 없다'란 예였습니다. 시간이란 차원과 전류란 차원이 서로 다르기에 직접적으로 혼용할 수 없습니다. 이처럼 하나의 단위, 차원, 함수의 축으로 정해지면 다른 단위, 차원, 함수의 축과 혼용할 수 없음은 수학이나 과학에서는 별도로 증명하지 않아도 저절로 알 만큼 명

백한 규칙입니다.

오랜 시간 동안 행복은 과학보다는 인문학 영역에서 다뤄져왔으며 그나마 최근에서야 심리학을 거쳐 이학과 공학의 영역으로 확장되고 있습니다.[7] 인문학과 공학 간의 가장 큰 차이점은 행복을 다루는 요인에 단위, 차원, 함수의 축이 부여된 것입니다.

21세기 초까지 인류가 이룩한 의학적 지식에 기반하여 행복을 설명하는 대표적 요인을 꼽는다면, 짜릿한 자극을 느낄 때 분비되는 도파민(Dopamine)과 마음의 안정을 느낄 때 분비되는 세로토닌(Serotonin)이라 생각합니다. 이들 신경 물질은 이외 사회관계와 관련한 옥시토신(Oxytocin)과 재미와 웃음에 관련한 엔도르핀(Endorphin) 같은 여러 신경 물질들과 함께 동물들의 중추 신경계에서 생성되어 혈액으로 분비되어 신경전달물질과 호르몬으로 작용합니다. 따라서 1분당 생성되는 물질량의 단위인 μg(microgram, 10-6g) 혹은 pM(pico mole, 10-12 mole)을 단위로 사용할 수 있습니다.[45] 즉, 시간당 많은 도파민, 세로토닌, 옥시토신, 엔도르핀과 같은 신경 물질들을 생성하고 분비하면 행복감을 더욱 크게 느낀다고 평가할 수 있습니다.

한때 신경전달물질 중 도파민 수치를 행복의 요인일 수 있는 쾌락 감정으로 대응시킨 자료를 인터넷에서 쉽게 찾아볼 수 있었

---

45 피검사 및 디지털 표면증강라만분광(surface enganced Raman Spectroscopy) 같은 기법으로 측정할 수 있으며, 최근 양전자단층촬영술(positron emission tomography)로 도파민의 활성도(influx rate constants, 1/min.)로도 표기한다. 정상인 범주는 약 0.0130~0.0135/min.[15]

습니다. 사람마다 분비되는 도파민 양이 정확하지는 않지만 대략적인 분비량을 기준으로 하여 쾌락수치를 비율별로 나타내어, 적당한 취기와 첫 키스를 1로 표기했지요. 그리고 독서, 갈증 후 수분섭취 혹은 운동 후 식사를 10 정도로 표기했고, 감동과 합격을 20, 여행을 55의 쾌락 수치로 표기했습니다.

정상인의 도파민 활성도를 0.0135/min.이라고 볼 때, 여행의 경우 도파민 활성도는 정상일 때의 55배인 0.7425/min.정도입니다.[15] 이처럼 도파민 활성도 숫자와 단위는 어떠한 행위가 주는 쾌락과 관계를 정량적으로 보여줍니다. 짜릿한 첫 키스의 기억은 적당한 취기와 유사한 쾌락 수준이며, 사람들이 왜 여행의 매력에 빠지는지 가늠할 수 있습니다.

물론, 도파민과 쾌락이라는 개념만으로 행복을 평가하기에는 매우 부족합니다. 하지만 행복의 요인 중 하나인 쾌락은 도파민 분비량 혹은 활성도라는 단위로 평가가 가능함을 보여줍니다. 이 도파민 단위가 의미하는 바가 바로 행복의 차원이며, 행복 함수의 축이 됩니다.

인과에 관계되는 변수가 아무리 많아도 단위로 정리하면 간단해집니다. 다만, 하나의 차원에는 두 개 이상의 단위는 들어가지 못합니다.

변화의 과정을 보여주는
함수

함수(Function)는 기능이라는 사전적 의미를 가지고 있습니다. 또한, 수학과 과학에서 다루는 함수로 두 개의 임의 변수(집합) x와 y 사이에서 x값이 변하는 데 따라서 y값이 종속적으로 정해지는 관계(Relation)의 의미도 가지고 있습니다. 함수라는 의미에 담긴 인과 관계가 수학과 과학의 전부라고 해도 과언이 아닐 것입니다. 이 함수 관계도 자세히 들여다보면 사실(Fact), 가설(Hypothesis), 법칙(Law), 이론(Theory)이라는 개념으로 나뉘어 있습니다.

먼저, 사실은 과학자들에게 완전하고 항상 참(True)으로 받아들일 수 있는 검증된 결과입니다. 하지만 과학에서는 모든 과정에 어느 정도의 불확실성을 감안하여 100%를 가정하지 않기 때문에 참으로 정의되는 관계는 거의 없습니다. 가설은 관찰하려는 관계를 확인하기 위한 잠정적인 중간 설명입니다. 앞서 말한 함수로 표기하자면 많은 수의 x와 y 관계가 수학적으로 성립할 때, 비로소 법칙이 될 수 있습니다.

하지만 법칙은 어떻게 관계되어 있는지를 설명할 수 있지만, 왜 그런 관계를 갖게 되는지에 대해서는 설명하지 않습니다. 즉, 함수의 수학적 관계에 이유까지 설명되는 경우 비로소 이론으로 정립됩니다. x와 y라는 변수의 함수 관계를 $y=f(x)$로 간단히 표기하여 다뤘지만, 실제로 함수식에는 많은 의미가 포함되어 있고 심지어 수준도 매겨져 있습니다. 인류 역사 과정 중 많은 가설이 생겼지만, 뉴턴의 운동, 만유인력, 열역학 등이 법칙이 되어 수학적인 모델로 알려져 있습니다. 이와 같은 많은 법칙들을 연구하면서 현재 인류 과학은 양자역학과 상대성 이론, 초끈 이론과 같은 과학 이론으로 확장되었습니다.

행복에 관련한 함수 역시 행복의 원인들로 추정되는 소득, 성적, 성공, 인간관계, 스트레스 같은 몇 가지 요인들과의 관계성을 도식화한 그래프들로 쉽사리 볼 수 있습니다. 하지만 아쉽게도 행복은 공학으로 다뤄진 시간이 짧은 만큼 아직까지는 수학적 모델로 설명할 수 있는 법칙조차도 많이 부족합니다. 현재까지 알려진 행복의 관계는 소득이나 성공과 같은 요인들은 일정 부분에 비례 관계로, 스트레스와 질병과 같은 요인들은 반비례 관계가 있어 보이는 정도입니다. 관계 자체는 의미 있게 설정할 수 있지만 이를 수학적 모델로 설명하는 법칙까지 발전시키지 못하는 이유는 행복이란 개념 자체가 앞서 말한 바와 같은 숫자와 단위로 객관화되지 못하기 때문입니다.

그나마 행복과 관계가 있는 요인들은 돈의 통화 단위, 성적의 점수 혹은 등수, 성공 횟수, 주소록의 연락처 개수, 도파민 혹은 엔도르핀 등과 같은 신경전달물질 분비량으로 정량화가 가능하지만, 최종 결과인 행복이 가진 단위가 없기에 수학적 관계를 알 수 없습니다. 더 나아가서는 그 요인들이 행복에 어떠한 기능과 역할을 담당하는지 설명하기도 어렵습니다. 이렇듯 행복 함수를 만들기 어려운 원인이 행복을 대표하는 단위를 지정하기 어렵기 때문임을 알게 되었습니다. 물론, 원인을 알았다고 해서 바로 해결 방법을 얻기는 쉽지 않습니다만, 해결할 수 있는 방안은 마련되었습니다.

원인과 결과 사이에는 원인을 결과로 변화시키는 함수(관계와 기능)가 있습니다.

※ 부록의 '함수의 논리'(285쪽)에 대표적인 함수와 각 함수의 그래프 형태를 추가 설명했습니다.

같은 차원의 크기 비교 덧셈과 뺄셈,
차원의 도약 곱셈과 나눗셈

비록 단위와 차원 그리고 함수의 축은 사전적 의미가 다른 단어들이지만, 공학에서는 표현하는 방식만 다를 뿐 유사한 개념으로 봐도 무방합니다. 이제부터 단위가 부여된 행복 요인의 변화를 알아보기 위해 먼저 덧셈과 뺄셈, 곱셈과 나눗셈인 사칙연산을 설명하겠습니다. 그리고 앞서 차원을 설명할 때 예로 들었던 우리들이 살아가는 시공간에 대해 함께 이야기하겠습니다.

물리학에서는 우리가 살아가는 공간을 마치 사진처럼 시간의 흐름이 멈춘 순간의 유클리드[46] 공간으로, 즉 가로, 세로, 높이 방

---

46 유클리드 기하학 공준: ① 어떤 한 점에서 어떤 다른 한 점으로 선분을 그릴 수 있다. ② 임의의 선분을 선을 따라 다른 선분으로 연장할 수 있다. ③ 어떤 한 점을 중심으로 하고 이에 대한 거리(반지름)로 하나의 원을 그릴 수 있다. ④ 모든 직각은 서로 같다. ※ 평행선 공준: 두 직선이 한 직선과 만날 때, 같은 쪽에 있는 내각의 합이 2직각(180˚)보다 작으면 이 두 직선을 연장할 때 2직각보다 작은 내각을 이루는 쪽에서 반드시 만난다.

향의 3차원(x, y, z)으로 표현합니다. 차원에서 설명했듯이 0차원은 움직일 수 있는 방향이 없는 점으로 표현됩니다만, 1차원부터는 한 방향으로 이동이 가능합니다. 공간을 차원으로 표현하는 경우에는 어느 방향이든 기준점부터의 길이[47]를 의미하는 단위인 meter를 사용합니다. 가로 방향에도 meter를 사용하고, 세로와 높이에도 meter를 사용합니다. 3차원 공간에서는 모든 방향으로의 단위가 meter로 동일하며 각 차원이 인과관계를 갖지 않고 관계가 없는 경우를 독립적이라고 합니다. 따라서 어느 한 차원에서 길이가 증가하는 것은 본래 다른 두 개의 차원에서는 전혀 관계가 없습니다.[48]

이러한 3차원 공간에서의 이동을 덧셈과 뺄셈 연산으로 설명할 수 있습니다. 축의 방향에 임의적으로 증가와 감소를 정할 수도 있지만, 일반적으로는 직선 방향이 좌우일 경우에는 오른쪽 방향을 증가로, 왼쪽 방향을 감소로 이해합니다. 직선 방향이 상하일 경우에는 위쪽 방향, 앞뒤일 경우에는 앞쪽 방향을 일반적으로 증가 방향으로 이해합니다. 만약 3차원 공간 내 한 차원에서만의 이동이 아닌 어느 두 차원에서의 이동이 일어난다면 m^2라는 단위를 사용하는 넓이 변화로, 세 개 차원에서의 이동이 일어난다면 m^3 단위를 사용하는 부피 변화로 표현됩니다. 이렇게

---

[47] SI 단위는 meter이나 사용 국가나 시대, 산업 등에 따라 인치(Inch), 피트(Feet), 야드(Yard), 마일(mile), 척(尺), 리(里), 해리(海里) 등도 병행하여 사용

[48] 모든 벡터 공간 해석으로 각 차원에 대한 기저(basis)로 분해할 수 있고, 기본적으로 다른 차원과는 인과 관계가 없다.

차원 이동이 두 개 이상으로 증가되는 상황을 곱셈 연산으로 설명할 수 있습니다.

3차원 공간에 시간이라는 차원을 하나 더 추가해서 4차원(x, y, z, t) 혹은 시공간이라 표현합니다. 한글 표현상 차원을 더한다란 의미의 추가로 설명했지만, 수학적인 의미로는 시간 축이 3차원에 더해진 것이 아닌 곱셈의 의미임을 이해해야 합니다. 반대로 다차원에서 저차원으로 감소하는 상황이 나눗셈 연산입니다. 즉, 차원의 증감을 명확히 이해하려면 단위 변화에 집중하면 됩니다.

시공간 단위의 직관적인 설명을 위해 영화 필름의 프레임 수를 나타내는 단위인 fps(Frame[49] Per Second)을 보겠습니다. fps라는 단위를 사용하며 숫자가 증가한다면, 이는 1초에 보여주는 3차원 공간 사진의 개수가 증가함을 의미합니다. 인간의 시각 기능은 일반적으로 1초에 24장의 사진을 연속적으로 바꾸면 순간의 정지된 사진을 보더라도 연속적으로 이어진 영상과 같이 인식한다고 합니다. 즉, 24fps을 기준으로 이보다 낮으면 정지된 사진을 감지할 수 있게 되며, 24fps보다 높으면 정지된 사진을 인식할 수 없게 됩니다. 이런 프레임을 가진 필름을 영화관에서 상영한다면 한 영화에서 필요한 프레임 수를 집계할 수 있습니다. 만약 100

초짜리 영화라면 24fps 프레임으로 상영하기 위해서는 총 2,400 프레임이 필요합니다. fps라는 단위를 기준으로 덧셈과 뺄셈의 연산은 영상 연속성의 퀄리티를 의미하고, 곱셈과 나눗셈은 영상에 필요한 프레임 수를 의미함을 알 수 있습니다.

fps라는 단위 외에도 시간과 관계되는 단위인 물체의 속도, 주파수, 힘도 있고, 전력과 같은 에너지 단위도 마찬가지로 동일 단위에서의 숫자 변화는 상대적인 크기 차이만 의미하며, 곱셈과 나눗셈을 통한 연산은 총량과 같이 다른 물리량으로의 변화를 의미합니다. 사칙연산은 계산이 어렵지 않기 때문에 단위가 주는 현상과 의미에 대해서는 많이 고민해보지 않았으리라 생각합니다. 하지만 이외 벡터 연산, 로그 연산, 미/적분 연산, 해밀토니안 연산 등 모든 논리 연산은 사칙연산을 기본으로 하여 확장할 만큼 매우 중요한 연산입니다. 고급 연산까지 이해하여 활용할 수 있으면 행복 함수에 더욱 정교한 표현을 할 수 있겠지만, 차원으로 표기할 수 있는 단위 변화 설명만으로도 충분하리라 생각합니다.

차원 혹은 단위들의 조합은 새로운 의미들을 만들어냅니다.

※ 부록의 '사칙연산과 공간'(287쪽)에 각 연산과 공간에 대한 추가 설명이 있습니다.

5장

정보들의
관계성

모두가 연결된
세상

주위를 둘러보면 많은 존재들이 눈에 보입니다. 보이지 않고 들리지 않는 존재들까지 고려하면 셀 수조차 없을 정도입니다. 대부분의 사람, 사물, 현상들은 모두 시공간에 존재하며, 완전히 독립적으로 떨어져 존재하지 않습니다. 도리어 최소 하나 이상의 존재와 종속적인 관련을 가지며, 세상에는 다양한 관계만큼 다양한 표현들이 있습니다. 언어 표현으로 '~에 관계하다' 혹은 '~에 관계되어 있다'와 같이 관계 유무만을 지칭하는 단순한 동사 표현이 있으며, '~한 관계' 혹은 '~관계'와 같이 서술하는 사람이나 사물 혹은 현상들과 관련한 상태들을 설명하는 형용사 표현이 있습니다.

이렇듯 우리 생활 많은 부분에서 알게 모르게 이어져 있음을 설명하는 관계를 알아내기 위한 연구가 공학을 포함한 수학과 과학의 본질적 목적입니다. 특히, 수학적 대상들의 모임인 집합을 연구하는 분야인 수학 집합론에서 다루는 이항 관계(Binary Relation)[50]는 현대 수학을 논리적으로 지탱하는 밑바탕입니다. 이름 그대로 두 부분으로 나뉜 집단의 관계 특성들을 알아내기 위한 이론으로, 이러한 관계 특성들은 '변화의 과정을 보여주는 함수' 편에서 설명했듯이 사실 → 가설 → 법칙 → 이론 관계까지 단계별로 검증합니다. 이런 단계를 통해 현재까지 많은 존재들의 관계가 밝혀졌지만, 여전히 밝혀지지 않은 상태와 새로이 밝혀지는 관계도 많습니다.

행복 역시도 행복이란 개념 하나로만 존재하는 것이 아닌 여러 개념들과의 관계로서 설명됩니다. 예를 들어, 누군가에게 행복은 신체적 요인일 수 있으며, 경제적 요인 혹은 정신적 요인일 수도 있습니다. 또한, 각각의 다른 요인 그 자체를 행복함으로 인식할 수도 있으며, 그 요인들이 행복을 위한 혹은 행복에 의한 요인이 될 수도 있습니다. 이러한 복잡한 관계를 찾기 위해 해야 할 가장 기초적인 가설은 어느 특정 두 개 이상의 사람, 사물, 현상들로 이루어진 명제[51] 간의 관계를 의심하는 것입니다.

---

50 두 부분으로 나뉜 집단의 관계로 반사성(reflexivity), 비반사성(irreflexivity), 대칭성(symmetricity), 비대칭성(asymmetricity), 반대칭성(antisymmetricity), 전이성(transitivity), 동치(equivalence), 순서(order)가 대표적인 이항 관계의 특성

51 참 혹은 거짓을 검증할 수 있는 객관적 사태가 포함된 논리학적으로 뜻이 분명한 문장 및 진리값

만약 관계가 있다면 두 명제 간의 관계는 필요 조건,[52] 충분 조건,[53] 필요충분 조건[54] 3개의 관계 중에 속하게 됩니다. 조건 관계는 언어적 표현으로 국한됩니다. 예를 들어 일반적으로 경제적 요인인 현금은 많으면 행복해집니다. 역으로 행복해진다고 현금이 많아지지는 않습니다. 현금과 행복의 관계를 표현한 이 명제는 충분 조건입니다. 이 명제에 포함되지 않는 내용은 정량적 수치가 명시되어 있지 않습니다. 일반적으로는 많은 현금이 행복을 주는 요인이라고 이해할 수 있습니다. 하지만 최근 연구에 따르면 연봉 8천만 원 정도가 되면, 연봉이 더 늘어나도 행복도는 더 이상 증가하지 않음을 보고했습니다. 최근 연구 결과에서 보여주듯 정량적 수치가 명시되지 않은 명제는 정량적 수치가 표기됨에 따라 참이 거짓이 될 수도 있습니다.

이처럼 수학과 과학 그리고 공학에서는 관계성의 유무 확인으로만 국한하지 않고, 더 나아가 관계를 정량적 표현인 함수로 확장합니다. 정량적 변화를 한눈에 알아볼 수 있도록 좌표에 도시한 것이 그래프이며, 특정한 상황에서의 조건 혹은 결과값을 추정할 수 있게 변수와 결과값 관계를 연산 기호로 나타낸 식을

---

52 P→Q가 참일 때 그 정의에 따라 명제 P가 참이 되기 위해 먼저 명제 Q가 참일 필요가 있다. Q가 P를 포함하는 개념으로 볼 수 있으며, Q라면 P일 수도 있다. Q가 아니면, P도 아니다.

53 P→Q가 참일 때 그 정의에 따라 명제 P가 참이라면 명제 Q는 참임이 충분히 보장된다. P가 Q를 포함하는 개념으로 볼 수 있으며, P라면 Q이다. P가 아니면 Q가 아닐 수도 있다.(가능성)

54 P→Q가 참이고 Q→P가 참이면 그 정의에 따라 P가 참이면 Q 참이고 P가 거짓이면 Q는 거짓이다. P이면 Q이며, Q이면 P이다. P가 아니면 Q가 아니며, Q가 아니면 P가 아니다.

방정식이라고 합니다. 다음 글부터 대표적인 함수 그래프 형태를 보면서 각 관계가 어떤 의미를 가지는지 확인해보도록 하겠습니다.

행복은 분명 우리가 알고 있는 존재와의 관계입니다.

1차 선형 관계는
뻔한 이야기들

세상에 밝혀진 관계들이 많이 존재하기 때문에 어떠한 현상이나 문제에 대해 의문이 생기고 고민해야 할 대상이 생기면 먼저 관련 이론이나 문헌 등을 조사하여 문제의 배경과 문제를 정확하게 이해하는 편이 좋습니다. 그리고는 관계를 고민하기 위해 관련 실질 정보들을 원인과 결과로 나누어 생각해보거나, 필요한 경우 가상의 정보들을 내세워서 인과 관계를 고민하는 단계를 거치게 됩니다. 실질 정보들의 인과 관계 혹은 가설을 세운 검증 과정 중에 가장 흔하게 하는 실수 중 하나가 조사한 원인과 결과 그룹 하나 혹은 두 개 정도만 가지고 관계를 고민하여 섣부르게 내린 판단입니다. 원인에 대한 결과가 단 하나만 있는 경우의 관계성 판단이 직접적인 예시가 됩니다.

인간은 많은 행위들을 하며 살아갑니다. 일정한 나이가 되면

몇 가지 반복적인 행위들만으로도 생명을 이어갈 수 있지만, 그 반복적인 행위 또한 무조건 첫 시도의 경험을 딛고 와야만 합니다. 첫 시도를 하나의 결과로 볼 수 있으며, 시도하지 않았을 경우 또한 하나의 결과로 볼 수 있습니다. 즉 첫 시도 후의 결과를 판단할 시, 시도하지 않았을 경우와 첫 시도의 결과 단 두 점으로만 이루어진 결과를 이은 직선만으로 경향성을 판단해버린다면, 두 점으로만 이루어진 직선은 항상 증가하거나 혹은 감소하는 경향성으로 도출되어버립니다.

예를 들어, 처음의 결과보다 나중의 결과가 좋아지는 경향성을 판단할 경우에는 비례(Proportion) 관계를 갖게 되며, 다음 번 결과도 증가할 것이라는 기대가 생기게 됩니다. 반대 경우는 반비례(Inverse Proportion) 관계를 갖게 되며, 원인 변수 증가에 따라 결과가 감소할 것이라는 예상이 자연스레 도출됩니다. 이처럼 가설을 세우고 검증하기 위해 다루는 정보가 단 두 개뿐이라면 언제나 직선 형태로만 도출됩니다. 따라서 관계성을 검증하기 위한 정보의 최소 개수는 세 개 이상이어야만 합니다.

물론 세 개 이상 되는 정보 관계의 경향성이 직선 형태인 경우도 많습니다. 경향성이 직선인 관계를 함수에서는 1차 선형 관계라고 부르며 이를 방정식 형태로 기재하면, 'y=ax+b'입니다. x는 원인이 되는 변수이고 y는 결과입니다. 그리고 1차 선형 관계임을 보이는 형태는 원인이 되는 x에 차수가 1차이고 계수(Coefficient)라 불리는 a가 곱의 비례로 연산을 하게 됩니다. b는 y

절편으로 불리며, 원인이 작용하지 않았을 때의 초기 결과로 이해하면 됩니다. 대부분 사람들은 이러한 선형 관계를 가진 상황들을 뻔한 이야기라고 생각하고 별로 대수롭지 않게 여기는 경향이 있습니다. 하지만 이해하기 쉽고 편한 만큼 결과 도출에서도 직관적입니다.

가장 쉬운 예가 4km/hour의 일정한 속력으로 달리는 사람의 한 시간 혹은 두 시간 뒤의 거리 예측입니다. 멀리 가기 위해서는 달리는 시간을 늘리면 됩니다. 달리는 시간을 동일하게 하는데 더 멀리 가고 싶다면 달리는 속력을 더 빠르게 하면 됩니다. 혹은 속력이나 시간과는 별개로 시작 위치를 더 앞서 둬도 됩니다. 이처럼 1차 선형 관계가 제법 간단한 관계에 속하지만, 간단한 관계임에도 불구하고 기본기를 강조하는 데 가장 적합한 방정식이라 생각합니다.

본래 세상은 복잡하기 때문에 항상 시도 한 번으로는 부족합니다.

앞으로는 달라질 것이다.
터닝 포인트!

살아가면서 마주하는 일들에 대한 관계를 다룰 때, 은연중에 시간을 x축에 두고 생각하며 연대기로 다루곤 합니다. 과거와 미래로 끝없이 이어진 시간 흐름 속에서 중요한 사건들의 성향이 기존과는 다른 방향이나 상태로 바뀌게 되는 지점을 전환점(Turning Point) 혹은 계기(Chance, Opportunity)라고 합니다.

수학과 물리학의 함수에서도 관계 변화를 지칭하는 단어로 변곡점(Inflection Point)과 단절점(Articulation Point)이 있습니다. 연대기에서의 변화를 지칭하는 전환점, 계기와 함수에서의 변화를 지칭하는 변곡점, 단절점의 큰 차이점은 원인으로 추정할 수 있는 x축 요인입니다.

연대기에서의 x축은 연대기라는 이름 그대로 인간의 의지와 상관없이 자연적으로 흘러가는 시간만 의미가 있습니다. 하지만 함수에 사용하는 시간은 연대기와는 달리 현상이 발생하는 결과에 대한 원인으로 추정하려는 의도가 담기게 됩니다. 또한 시간 외에도 원인으로 추정하는 요인이 있다면, 적용이 가능합니다. 따라서 연대기와는 달리 함수에서의 x축과 y축은 원인과 결과 관계를 의미합니다.

함수의 인과관계는 직선으로 표기되는 선형 관계도 있지만, 대부분은 1개 이상의 변곡점 혹은 단절점을 갖는 비선형 관계입니다. 비선형 관계는 단어의 사전적 의미와 같이 x가 변함에 따라 어느 지점에서 증감 형태와 크기가 변하는 형상을 가지며, 변화의 원인은 1차적으로 x축에 기재된 요인과 관계되어 있습니다.

즉 함수로 도시된 그래프 형상을 파악하면, 현상의 관계와 함께 변화 요인을 대략적으로 유추할 수 있습니다. 비선형 관계 그래프의 예시로 2차 함수로 그려진 그래프 현상은 과거로부터 안 좋아지던 상황이 어느 순간 반전되어 호전되는 상황으로 해석할 수 있습니다. 3차 함수 경우는 줄곧 좋아지던 상황이 어느 기간 동안 슬럼프로 인한 정체기를 갖다가 다시금 호전되는 상황으로 볼 수 있습니다.

분수 함수의 경우는 어느 순간에만 극적으로 상황이 좋아지거나 혹은 나빠지는 경우로 가늠할 수 있습니다. 지수 함수 그래프가 보여주는 상황은 3차 함수와 유사하지만 처음부터 어느 시점까지 향상이 전혀 없다가 어느 시점 이후로 급격한 향상을 보이며 그 향상의 증가 폭이 매우 커지는 현상을 의미합니다. 로그 함수로 표현되는 상황은 초기에 급격한 향상이 있었으나 어느 시점 이후부터 그 향상이 둔화됨을 보여줍니다. 삼각 함수 그래프는 결과 크기는 정해져 있고 증감이 반복되는 현상임을 보여줍니다.

상수와 1차 선형 함수를 제외한 6개의 대표적인 함수를 표현한 그래프는 생소하나 설명한 현상들은 우리 주위에서 흔히 볼 수 있는 예시들이기에 낯설지 않으리라 생각합니다. 이외에도 다수의 함수를 혼합하여 다양한 그래프 형태를 만들 수 있지만, 주요점은 '변수 x에 숫자 곱셈 외의 연산은 증감 형태와 크기를 변화시킨다'란 점입니다. 즉, 여러 형태를 가지는 현상에서 분위기를 크게 변화시킬 전환점 혹은 계기를 마련하기 위해서는 방정식으로 표현되는 변수에 작은 변화가 필요하지 않을까요?

단순한 방정식에는 변곡점이 없습니다. 단순한 인생에도 변화는 없습니다.

※ 부록의 '함수의 논리'(285쪽)에 함수 논리에 따른 각 방정식을 그래프로 표현했습니다.

세상을 크게 보면 대부분 아날로그,
하지만 인생은 디지털

관계성을 확인하기 위해 정량화한 정보들을 좌표 위에 점으로 찍으면 대략적인 그래프 형태를 알 수 있습니다. 그리고 그 점들의 개수가 많아질수록 그래프에 그려진 점들은 선처럼 보이면서 신뢰성이 높아집니다. 즉, 정량적 관계의 신뢰성은 시간과 비용이 투입되어 정확하게 확인한 정보들의 수와 비례합니다.

하지만 시간과 비용 혹은 여러 사유에 따라 점들을 무한정으로 많이 찍을 수 없기에 적당한 수의 점들을 직선 혹은 곡선으로 연결하여 표시합니다. 그렇다면 선으로 연결하기 위한 점은 몇 개가 적당할까요? 물론 정보를 다루는 사람마다 다르겠지만, 객관적 판단과 합의를 위해서는 종교 및 철학적 사유와 숫자로 표시되는 변수의 범위 고민이 필요합니다.

특히 숫자는 증가와 감소로도 무한하지만, 숫자와 숫자 사이에도 무한합니다. 따라서 모든 원인의 경우를 정량화하여 그래프에 도시하는 것은 애초에 불가능합니다. 그럼에도 불구하고 시간, 공간, 빛의 밝기, 소리의 높낮이, 바람의 세기와 같이 자연에서 얻는 대부분의 신호들은 연속적(Continuous)인 물리량으로서 아날로그(Analog)가 대표적인 예시입니다. 아날로그와 대비되어 쓰는 개념은 이산적(Discrete)인 디지털(Digital)입니다.

본래 아날로그와 디지털은 정보 전달 매체에서 쓰는 신호 종류로 익숙하게 사용됩니다. 혹은 현대에 들어서면서 활용하는 전자기기 세대를 나누는 데에 사용하기도 합니다. 이처럼 전달 신호 형태 혹은 전자기기 세대 구분만으로 이해해도 무리가 없지만, 좀 더 명확한 의미는 물리량 변화의 연속성 혹은 이산성에 있습니다.

즉, 연속성을 가지는 시공간 안에 존재하는 모든 것들은 존재 자체가 아날로그입니다. 다만 정보 측정과 전달에서 일부분만 발췌되어 다뤄지기 때문에 디지털이 됩니다. 이렇게 디지털이 되어버린 정보를 받아들일 때는 별다른 의심 없이 다시 아날로그로 이해하곤 합니다. 이런 신호 변환(Signal Transformation / Conversion) 속에서 손실(Loss)을 최소화하는 이론적 방법은 표본화 정리(Sampling Theorem) 또는 나이퀴스트-새넌 표본화 정리(Nyquist-Shannon Sampling Theorem)[55]로 설명됩니다.

---

55 신호가 대역 제한(band limited) 신호이고, 표본화 주파수가 신호 대역의 두 배 초과라면 표본으로부터 연속 시간 기저 대역 신호를 완전하게 재구성할 수 있다.

전자공학에서 다루는 신호의 손실이론을 명확하게 이해하고 현실에 적용하기는 쉽지 않습니다. 다만 신호 전송의 효율성을 위한 아날로그 신호에서 디지털 신호로의 변환 및 아날로그 신호로의 복원 과정 중 '손실 발생'만 이해하면 충분합니다.

신호의 손실 발생처럼 우리가 살아가면서 접하는 모든 정보 역시 전달 과정 중에 손실이 발생할 수 있습니다. 손실 원인이 신호처럼 효율적인 전달을 위한 축약과 복원 과정 중에 발생할 수도 있지만, 대부분은 망각 혹은 착각에 기인합니다. 물론 일상 생활에서 다루는 정보의 손실 원인도 중요하지만, 대부분의 경우에는 상황에 필요한 정보의 진위 여부가 더욱 중요합니다. 따라서 정보의 손실 원인을 밝히는 것보다 더 중요한 과정은 정보의 진위 여부를 판단하는 만큼의 손실된 정보의 복원 및 확인입니다.

일상 생활에서 다루는 정보들은 암묵적으로 시간의 연속성과 관계된다고 생각합니다. 그러나 실제 모든 정보들은 시간의 연속성에 배열되지만, 다루는 전 기간에 관련되지 않고 일부 순간만 점유하고 있습니다. 심한 경우에는 지나쳐가는 순간 확인한 몇 가지 정보만으로 전체를 판단하기도 합니다. 어떤 대상의 몇 가지 정보만을 가지고 이미 마음속에 가지고 있는 고정적인 관념이나 관점에 이르는 선입견 혹은 첫눈에 느껴지는 인상으로 판단해 버리는 첫인상 등이 일상 생활에서 자주 접하게 되는 손실 정보를 무시하고 섣부른 판단을 하는 예들입니다.

간혹 이러한 선입견이나 첫인상이 많은 경험을 통해 얻게 된 통계적 경험이라 주장하는 경우도 있는데, 통계적 경험이란 시도 자체가 손실된 정보의 확인 과정입니다. 다만 통계적 판단을 위한 경험을 직접 경험이 아닌 간접 경험을 통해 손실된 정보 앞뒤의 정보로 충분히 추정할 수 있다면, 직접 경험을 위해 투입해야만 하는 시간과 노력 같은 자원을 절약할 수 있습니다.

그럼에도 불구하고 앞서 설명했던 특이점이 발견될 가능성이 있다면, 직접 확인하는 시도를 추천합니다. 물론 어떤 정보의 관계가 손실이 없거나 확인이 필요한지 판단하는 능력 역시 많은 경험이 필요합니다. 하지만 그 경험을 쌓기 전까지 필요한 인식이 있습니다. 알고 있었던 관계를 당연하게 받아들이는 사람에게 세상은 연속적으로 이어진 아날로그입니다. 하지만 다루는 정보뿐만 아니라 시간조차도 디지털과 같이 연속되지 않은 관계임을 알고 있는 사람은 좀 더 촘촘한 구멍을 메꿔가며 기존보다 더욱 매끄러운 연결선을 찾아내곤 합니다.

연속한 두 번의 시도가 동일한 결과였을지라도, 진행하지 않았던 두 번의 시도 사이의 결과는 달랐을 수도 있습니다.

나만의 행복 계획하기

1. 행복 차원 설정

나의 행복을 정의할 수 있는 주요 차원(가족, 일, 건강 등)을 서너
가지 설정하고 중요도 순서를 매겨보세요.

2. 행복 단위 정하기

각 행복 차원에서 나의 상태를 객관적으로 평가할 수 있는 단위
와 기준(하루 운동시간, 가족과의 대화 횟수 등)을 명확히 정해
보세요.

3. 나만의 행복 목표 설계

단위와 기준을 활용하여 구체적인 단기(1주), 중기(1개월), 장기(6개월) 행복 목표를 세우고 주기적으로 체크리스트로 관리하세요.

PART 3

꿈을 현실로

6장

행복의
구성 요인들

수학과 과학과 공학으로
보는 세상

저에게 수학이란 대입 시험에서 가장 중요한 과목 중 하나였기 때문에 수학을 공부할 때는 수학의 본질보다 계산 기술에 대한 학습을 우선했습니다. 대학과 대학원에 진학하고도 한동안은 숫자와 기호로 기재된 수학 문제를 풀기 위한 기술에서 벗어나지 못했지요. 어느 날 우연히 파인만 교수의 방정식을 바라보는 관점을 깨달은 이후 수학과 과학 그리고 과학의 관점으로 세상을 바라보는 저서들을 찾아보기 시작했습니다. 관심이 없을 때는 전혀 몰랐던 수학의 의미를 고찰한 많은 저서들을 찾아볼 수 있었는데, 그 중 제 이야기와 동일한 목적으로 행운의 방정식을 제안한 저자가 있었습니다.

일본 과학 저널리스트인 스즈키 유(鈴木祐)의 저서인 『운의 방정식』(운을 내 편으로 만드는 과학적 원리)에서는 인생 성공을 위한 행운을 해석

하여 다음 공식을 제시했습니다.[16]

$$행운＝((행동×다양)＋인지)×회복$$

　저자는 성공하는 사람에게 가장 중요한 요인은 행운이라 가정하면서 행운을 향상시키는 방법을 공식화했습니다. 저자의 공학적 관점을 해석하기 위해 해당 공식에서 주요하게 봐야 할 사항은 행운을 향상시키기 위한 주요 변수들의 지정입니다. 행운을 인간 의지와 상관없는 운명 혹은 신의 영역으로 간주하는 사람에게는 당연히 과학적 해석이 불가능합니다.

　하지만 저자는 인간으로서 의지를 가지고 개선할 수 있는 항목인 행동과 다양, 인지, 회복, 이 네 가지를 행운의 주요 변수로 지정했습니다. 상대적인 의미를 가진 대수 크기만으로 표현하면서 단위까지는 언급하진 않아 정량적 해석이 불가능하지만 행운을 향상시키는 데 집중해야 할 요인을 명확하게 제시하고 있습니다. 그러고는 각 요인들의 관계를 사칙연산으로 표기하면서 요인들의 영향도를 순서대로 보여주었습니다.

　먼저, 이 네 항목 중에서도 포기하지 않는 마음인 '회복'이 가장 중요함을 시사하고 있습니다. 반복된 회복을 하면서 지속적으로 시도해야 할 '다양한 행동'은 본인이 직접 향상시켜야 하지만, 타인의 다양한 행동을 통해 얻는 '인지'와 동일한 수준으로 해석할 수 있습니다. 즉, 저자는 다양한 행동을 통한 경험과 간접적 경험을 꾸준히 반복하는 인생은 성공 행운을 향상시킬 수 있음을 주장하고 있습니다. 스즈키 유의『운의 방정식』외에도 수학이나 과학 그리고 공학의 관점으로 세상을 바라보고 이해하려는 시도는 지속되고 있습니다.

미국에서 '수학의 칼 세이건'이라 불리는 케이스 데블린은 '안 보이게 하는 것을 보이게 하는 수학'이라는 부제로『수학의 언어』란 책을 집필했습니다.[17] 케이스 데블린은 수학의 역사와 일상 생활에 관련된 공식들을 설명하면서, 수학을 '사람이 살아가는 데 필요한 연료' 및 '삶 속에 숨겨진 패턴'이라고 불렀습니다. 그러고는 "자연이라는 커다란 책은 그 책에 기재되어 있는 언어를 아는 사람만이 읽을 수 있다. 그 언어는 수학이다"라는 갈릴레오 갈릴레이의 수학에 대한 고찰을 표지에 기재하며 중요하게 언급했습니다.

한 권으로 끝내는 시리즈를 집필한 아동 문학가이자 과학 기자인 패트리샤 반스 스바니(Patricia Barnes-Svarney)와 토머스 유진 스바니(Thomas Eugene Svarney)는『한 권으로 끝내는 수학』이라는 제목의 도서도 출간했습니다.[18] 수학의 역사에 대해서 간단히 언급하면서도 타 분야인 과학과 공학, 인문학과 일상 생활과 레크리에이션과 수학이 어떻게 적용되는지를 설명했습니다.

연세대학교 김재권 교수는 '미적분 이후의 취미'라는 부제와『수학』이라는 제목으로 수학에 대한 고찰을 700여 페이지에 걸쳐 정리했습니다. 김재권 교수는 수학을 표현의 언어로서 의미

를 생각하는 것, 수학의 정의를 '마음의 소리를 결정하는 것'이
라고 하며 노벨 경제학상 수상자인 토마스 존 사전트(Thomas John
Sargent)[56] 교수의 말인 '경제의 언어'로도 소개합니다.[19] 그리고
수학의 의미로 탁월한 객관성을 강조하면서 '창조'라고도 설명
하며, 논리적인 사고력을 향상시켜 문제를 합리적으로 파악하는
힘을 길러준다고도 설명합니다. 또한 알버트 아인슈타인의 '정
치적인 일은 순간이고 등식(Equation)은 영원하다'라는 말을 인용
하면서 철학과 종교, 문학에 관련된 수학에 대해서도 고찰했습
니다.

미국 위스콘신 주립대학 수학 교수로 재직 중인 조던 엘렌버
그(Jordan Ellenberg)는 '수학적 사고의 힘'을 부제로 하는 책『틀리지
않는 법』을 집필했습니다.[20] 표지에는 '세상을 더 깊게, 더 올바
르게, 더 의미 있게 이해하는 법'을 기재하면서 프롤로그 첫 문장
에 수학 숙제를 받은 학생의 투덜댐에 대한 대답으로 '이성적 사
고 방식', '다른 일을 잘할 수 있게 도와주는 지식', '어지럽고 혼
란스러운 세상의 겉모습 아래 숨은 구조를 보여주는 엑스선 안
경', '우리가 틀리지 않게 도와주는 과학과 기법, 관습'이라고 설
명합니다.

영국 옥스퍼드대학 머튼칼리지 교수인 김민형은 '인간은 얼마
나 깊게 생각할 수 있는가'라는 부제로『수학이 필요한 순간』이

<hr>

56　거시경제의 인과관계에 관한 실증적 연구 공헌으로 2011년 노벨 경제학상 수상

라는 책을 집필했습니다.[21] 김민형 교수는 서문에서 일반인뿐만 아니라 수학자들도 수학에 대해서 생각하기 좋아하는 사람은 드물다고 적었습니다. 그리고는 본인을 수학에 대해 생각하는 것을 좋아하기는 하지만, 수학 철학자까지는 아니라고 소개했습니다. 수학자로서 뚜렷한 업적도 없는 학자에게 재미도 없는 수학 이야기를 쓰게 했다면서 굉장히 겸손한 집필 사유를 기재했지만, 수학과 인생에 대한 심도 있는 고찰들을 남겼습니다. '수학은 인간의 직관에 영향을 미치고 있다'란 설명으로 시작해, 수학적 답을 찾는 것보다 답을 찾아가는 과정으로 수학을 이해하는 것이 중요함을 강조하며 글을 마칩니다.

일본에서 수학 저널리스트로 활동하는 나가노 히로유키(長野裕之)는 『읽어야 풀리는 수학』이라는 제목으로 독해력(국어력)이 수학의 핵심임을 설명합니다. 나가노 히로유키는 첫 장에서 수학과 산수는 다름을 설명하면서, 대부분의 수학 교육은 실제로 계산만을 기계적으로 익혔던 산수였음을 밝힙니다.[22] 그러고는 수학은 국어시간에 공부해야 한다고 주장하면서 7개의 수학적 발성법을 제안합니다. 정리, 순서, 변환, 추상화, 구체화, 반대 시점, 미적 감각이라는 단어를 각 장의 제목으로 하여 수학을 설명했습니다.

이름만 들어도 다 아는 마이크로소프트의 빌 게이츠가 가장 신뢰하는 사상가로 소개되는 환경과학자이자 경제사학자인 바츨라프 스밀(Vaclav Smill)은 '넘겨짚지 않고 현실을 직시하는 71가지 통찰'이라는 부제로 『숫자는 어떻게 진실을 말하는가』를 집필했습니다.[23] 바츨라프 스밀 역시 앞서 설명한 바와 같이 숫자는 거짓말을 하지 않으며 숫자의 의미와 맥락을 파악하면 우리 세계에서 실제 어떤 일이 벌어지는지 이해할 수 있다고 설명합니다. 사람, 국가, 기계와 설계와 장치, 연료와 전기, 운송과 교통, 식량, 환경이라는 7개 테마에 속한 71가지 현상들의 통계와 해석을 통해 미래의 기회를 보여줬습니다.

수학에서 가장 중요한 추측 중 하나이자 리만 제타 함수의 0에 대한 정의로 유명한 '리만 가설(Riemann Hypothesis)'을 비교적 쉽고 재미있게 설명한 존 더비셔(John Derbyshire)는 '인류의 상상력은 x에서 시작되었다'라는 부제로 『미지수, 상상의 역사』라는 책을 펴냈습니다.[24] 존 더비셔는 500여 페이지나 되는 도서를 단 3개의 섹션으로 나누어 대수학(Algebra)의 체계를 설명합니다. 먼저 인류 문명이 시작된 시기로 보는 기원전 4000년부터 서기 1600년까지 수를 나타내는 문자 기호를 체계적으로 받아들이면서 인간의 상상력을 해방하는 데 기여한 수학에 대해서 설명합니다. 1600년대부터 현대까지 보편화된 수학이 새로운 발견에 기여한 바를 설명하고, 현대에 이르러 새로운 수학적 대상들을 굳건한 논리적 기반 위에 세우고 더욱 높은 추상화 단계들로 나아가고 있음을 설명합니다.

과학전문기자로 활동하는 다나 매켄지(Dana Mackenzie)는 '0 단어들로 표현된 우주'라는 제법 모호한 부제를 가진 『세상을 바꾼 방정식 이야기』를 저술했습니다.[25] 다나 매켄지 역시 수학을 수의 계산으로만 사용하는 도구론자인 계산원(Cahser)과 복잡한 문제를 해결하는 데 사용하는 방법론자인 파인만 교수에 대한 이야기로 시작합니다. 그러고는 책을 출판한 2014년 인터넷으로 검색한 방정식 개수 2,302개, 공식 1,307개, 항등식 1,026개 중 가장 중요하다고 판단한 24개의 방정식을 골라 그것이 역사와 우리가 살아가는 세상을 어떻게 바꾸어놓았는지 설명했습니다. 그리고 미국 툴사 대학 교수인 존 M. 헨쇼(John M. Henshaw) 또한 '세상을 풀어내는 52가지 공식 이야기'라는 부제로 『세상의 모든 공식』이라는 책을 출판했습니다.[26] 해당 도서는 첫 출판 5년 뒤 『세상을 이해하는 52가지 방정식』이라는 제목으로 바꾸어 재출간을 합니다. 다나 매켄지의 도서와 유사하게 방정식 설명과 세상에 끼친 영향을 설명했습니다.

프리랜서 저널리스트로 활동 중인 사이먼 윈체스터(Simon Winchester)는 '허용오차 제로를 향한 집요하고 위대한 도전'이라는 부제로 『완벽주의자들』이라는 제목의 책을 펴냈습니다.[27] 사이먼 윈체스터는 수학의 평균과 편차 개념을 가진 정확성(Accuracy)과 정밀성(Precision)을 키워드로 하여 시계, 실린더, 자물쇠, 엔진, 마이크로미터, 총기류, 자동차와 비행기, 렌즈, GPS, 트랜지스터 등과 같은 초정밀 부품의 발견과 제작이 세상을 어떻게 바꾸었는지를 설명합니다.

마지막으로 한국 사람에게는 누구보다 친숙할 성균관대 교수 김범준은 '복잡한 세상의 연결고리를 읽는 통계물리학의 경이로

움'이라는 부제로 『관계의 과학』을 출판했습니다.[28] 김범준은 표지에 '무엇으로 전체를 읽을 것인가?'라는 질문을 던지고, 수학과 과학의 주요한 키워드들을 제목으로 하여 복잡한 지구를 재미있게 관찰하는 방법을 정리했습니다.

이처럼 많은 수학, 공학자들이 세상을 살아가는 데 필요한 공학적 관점 및 방법을 설명하고 있습니다. 행복 또한 세상에 포함된 개념이기 때문에 공학적 관점으로 접근하여 그를 얻는 방법 또한 찾을 수 있음은 당연합니다.

행복도 방정식으로 표현할 수 있습니다. 이제 행복 방정식을 수립하고자 합니다.

이처럼 세상을 읽을 수 있는 언어인 수학과 과학과 공학은 세상의 요인인 행복 또한 읽을 수 있게 합니다. 따라서 많은 사람들이 이미 행복을 설명할 수 있는 요인들을 찾았고 행복과의 관계들을 제시하고 있습니다. 다만 『운의 방정식』 저자인 스즈키 유처럼 요인들 단위까지 상세히 고려한 경우는 많지 않습니다. 그래서 저는 이미 알려진 행복 요인들을 찾아보았고, 각각의 단위를 제시하며 열 개의 카테고리로 정리해보았습니다.

첫 번째 행복 요인은 신체적 건강입니다. 이는 우리가 살아가는 데 생명을 유지할 수 있게 하는 기초 요인으로, 공학적 관점으로 볼 때 시스템의 기본 성능이라고 볼 수 있습니다. 이를 정량화할 수 있는 단위로는 수면 시간(hour), 심박수(bpm, beat per minute), 일일 운동량(kcal/day), 일일 영양 섭취(kcal/day), 혈압(mmHg), 혈당(mg/

dl), 기타 건강 수치 등이 있습니다.

두 번째는 익히 알려진 감정적 안정입니다. 일상 생활에서 발생하는 스트레스와 불안에 대처하는 능력으로, 공학적 관점으로는 시스템 안정성 혹은 불안한 환경에 대한 저항성을 의미합니다. 스트레스에 관련한 수치들로 심박 변이도(milli-second), 코르티솔 및 아드레날린 분비량(μg/minute), 자가 스트레스 지수(백분위 점수) 등이 있습니다.

세 번째는 인간관계입니다. 타인과의 사랑과 우정과 같은 긍정적 연결로서, 공학적 관점으로는 네트워크 연결 및 인터페이스 품질에 대응됩니다. 측정 지표로는 교류하는 친구의 수(명), 사회 활동의 참여 모임 개수(개) 및 일 년간 참여 회수(회/년) 등이 있습니다.

네 번째는 자신이 성장한다고 느끼는 상태인 자아실현과 성취입니다. 공학적 관점으로 시스템의 업데이트와 같으며, 목표 달성률(백분위 점수), 보유 스킬 혹은 자격증(개), 하나의 스킬을 습득하는 속도(개/hour) 등으로 평가할 수 있습니다.

다섯 번째는 최근 전 세계 경제가 자본주의에 입각하면서 더욱 중요해진 경제적 안정입니다. 물질 만능주의라고 불릴 정도로 경제적 상황이 생존과 선택의 자유에 관여되며, 공학에서도 마찬가지로 시스템 운영을 가능하게 하는 에너지로 볼 수 있습니다. 연 소득(원/년), 지출 대비 저축률(백분위 점수), 총 운영 자산(원) 등의 단위로 표현할 수 있습니다.

여섯 번째는 두 번째 요인처럼 감정에 관련하지만 자극에 대응하는 요인으로서 정신적 자극입니다. 앞 글의 도파민과 같으며, 공학적 관점으로는 시스템의 인지 및 처리를 위한 집중을 의미합니다. 몰입 시간(hour), 몰입한 업무의 누적 달성 횟수(회) 혹은 달성 속도(회/hour) 등이 있습니다.

일곱 번째는 본인만의 가치관 및 의미 형성입니다. 삶에 대한 방향성과 철학, 존재의 이유이며, 공학적 관점으로는 시스템 설계의 존재 목적 및 상위 목표를 의미합니다. 삶의 목표 개수(개) 및 달성 횟수(회), 종교/철학 이해도(점수) 등입니다.

여덟 번째는 스스로의 삶을 선택하고 제어할 수 있는 능력인 자유와 선택권입니다. 공학적 관점에서의 시스템은 인간이 설정해놓은 프로그램 구동으로 미리 짜여 있었지만, 최근에는 인공지능이 발달함에 따라 시스템 스스로가 배우고 학습하여 자기 조절 기능을 확장시킵니다. 인생에서도 운명이라는 개념으로 개인의 자유 의지와 상관없이 미리 정해진 인생을 살게 됨을 말하기도 하지만, 인생의 자유 의지와 자기 조절 기능을 의미합니다. 일상에서의 결정 권한 비율(백분위 점수), 외부 통제 지수(백분위 점수) 등으로 자유 의지를 가늠할 수 있습니다.

아홉 번째는 환경적 요인으로 자연, 도시, 집 등과 같은 주변 환경과 조화로움을 의미합니다. 공학적 관점에서는 외부 환경과의 인터페이스 조건을 의미합니다. 소음(dB, decibel), 미세먼지 농도(μg/m3), 주거 편의시설 접근성(minutes 및 meter) 등입니다.

마지막 열 번째는 워라밸[57]이라고도 할 수 있는 시간의 질입니다. 공학적 관점으로는 시스템 운용 스케줄의 효율성과 여유도로 볼 수 있습니다. 일과 여유 시간의 비율(백분위 점수), 총 여가 시간(hour), 취미의 개수(개) 등이 있습니다.

이상의 요인과 단위 외에도 다른 표현 방법들이 많이 존재합니다. 혹은 세세하게 고민할수록 복잡하기 때문에 열 개의 카테고리에 종합 단위를 부여하는 것도 좋은 선택일 듯합니다. 앞서 여러 번 언급했듯이, 행복에 대한 공학적 접근은 아직 고민해야 할 요인들이 많습니다. 우선 당장은 가설 수준으로 행복에 영향을 미치는 요인들과 단위들을 찾고 있지만, 빠른 시일 내에 보편화된 법칙과 이론으로 발전하리라 기대합니다.

행복 방정식 수립 1단계는 행복 요인들과 단위 고민입니다.

나와 친숙한
행복의 요인 찾기

수학과 과학 그리고 공학 관점으로 세상을 바라보고 이해하는 시도 열두 가지를 정리해보았습니다. 물론 이외에도 더 많은 시도들이 있겠지만, 제가 직접 찾아본 열두 권의 도서만으로도 이미 많은 해석과 의견들이 중복됨을 알 수 있었습니다. 또한 행복의 요인들과 단위도 찾아보았습니다. 이미 이 정도까지의 고민이 있었다면 행복뿐만 아니라 살아가는 방법에도 법칙이나 이론이 정립되어 있을 법한데 실상은 여전히 복잡하고 모르는 분야로 남아 있습니다.

이에 대한 사유와 해결 방안 또한 여러 연구원들이 찾고 있지만, 여전히 명확한 관계를 찾아내지 못한 가장 큰 이유는 사람의 감정이 객관적이지 않고 주관적이기 때문입니다. 이에 대한 예시는 우리 주위에서 흔하게 찾아볼 수 있습니다. 중국집에 갔을 때

얼큰한 국물의 짬뽕을 좋아하는 사람이 있는가 하면, 달달한 짜장을 좋아하는 사람도 있습니다. 탕수육에 소스를 부어 먹는 사람이 있는가 하면 찍어 먹는 사람도 있고, 프라이드 치킨을 좋아하는 사람이 있는가 하면 반대로 양념치킨을 좋아하는 사람들도 있습니다. 심지어 한 가지 주장을 오랫동안 고수하는 사람이 있지만, 어제와 오늘이 다르고 오늘과 내일의 선택이 다른 사람도 있습니다.

이런 다름은 뭔가 특별한 이유가 있어서라기보다는 그날의 감정 혹은 기분에 좌우되는 경우가 대부분입니다. 그나마 심리학이 발전하면서 감정과 기분의 변화에도 나름의 이유가 있음이 밝혀지고 있지만, 여전히 명확한 근거는 부족한 상황입니다. 최근에는 SNS에서 밈(Meme)[58]이 되는 MBTI(마이어스-브릭스 유형지표, Myeres-Briggs Type Indicator)[59]라는 심리해석 방식을 근거로 같은 상황임에도 성격 유형에 따라 대응 방식이 매우 다름을 말해주는 게시글들이 많은 공감을 받고 있습니다.

이처럼 개개인뿐만 아니라 시기에 따라서도 계속 변화하는 감

---

58 본래 의미는 문화 구조가 생물학에서 다루는 유전자 특성과 닮아 있다고 설명한 문화 이론으로, 모방을 뜻하는 미메시스(Mimesis)와 유전자(Gene)의 합성어이다. 최근에는 인터넷 커뮤니티와 SNS에서 퍼져나가는 유행, 경향, 창작물, 작품 등의 모든 요소들을 총칭하는 용어이다.

59 본래 제2차 세계대전 시기 남성 징병제로 인해 산업계에 부족한 인력 충원을 가정 생활을 하던 여성으로 급작스럽게 대체함에 따라 성격의 유형별로 적합한 직무를 찾을 목적으로 개발된 성격 유형 검사이다. 사람의 성격을 주의초점(에너지의 방향), 인식기능(사람이나 사물을 인식하는 방식), 판단기능(판단의 근거), 생활양식(선호하는 삶의 패턴) 네 가지 척도로 나누어 각 두 가지씩으로 구분해 총 16가지 성격으로 구분한다.

정을 인류 범위로 묶어 객관화하기에는 무리가 있습니다. 하지만 개인 단위와 기준으로 스스로의 상황을 객관화하는 것은 수립 가능성이 충분히 높다고 생각합니다. 즉 이미 많은 사람들이 행복의 요인들과 관계들을 찾아주었지만, 누구나 자신의 성격과 추구하는 바가 타인과 완벽하게 동일하지 않기 때문에 자신의 행복은 자신이 찾아보고 정리해야만 합니다.

행복 방정식 수립 2단계는 요인 선택입니다.

7장

차원의 재배열

내 행복 함수는
x축 몇 개?

앞서 행복의 관점뿐만 아니라 행복을 구성하는 요인들을 알아보았습니다. 지구상에 존재했던 사람 수만큼이나 많은 정보들이 누적되어 있지만, 시대가 변함에 따라 행복의 개념뿐만 아니라 방법이 변하면서 기존에 정의된 행복이 아닌 새로운 정의의 행복이 지속적으로 누적되고 있습니다.

따라서 단위를 가진 행복의 요인 31개를 열 가지 카테고리로 정리했지만, 이보다 더 많은 요인들이 있을 것이라고 추측할 수 있습니다. 이런 상황에서 우리는 언제까지 찾아야 정답과 마주할 수 있을까요? 저는 이 질문에 대한 답을 이 책 첫 글에 적었습니다. 파랑새와 세잎클로버처럼 이미 우리 손안에 있다고 말입니다. 그럼에도 불구하고 여전히 행복을 찾는 이유는 너무 많은 행복의 요인들이 정리되지 않은 채로 우리 손에 계속 쌓여만 가기 때문이라고 생각합니다.

　과학과 공학에서도 다뤄지는 정보의 종류와 양이 많아 본질을 깨닫지 못하는 경우가 상당히 많습니다. 따라서 훌륭한 과학과 공학적 발견은 넘쳐나는 노이즈들을 가려내 핵심 원인과 결과를 파악해 관계성을 찾아내는 데 있습니다. 과학 발전에 한 획을 그은 물리학자 아이작 뉴턴(Isaac Newton)의 사과와 중력 이야기가 대표적입니다. 뉴턴이 중력이라는 힘을 발견한 1687년 이전까지 '물체가 아래로 떨어진다'는 현상에는 여러 추측 요인들이 있었습니다.

　기원전 4세기의 아리스토텔레스는 세상이 흙, 물, 공기, 불로 구성되어 있다고 보았고, 모든 물체에는 구성요인으로 돌아가려는 성질이 있다고 생각했습니다. 그래서 흙과 물로 이루어진 물체들은 원래 바닥에 있었으니 바닥으로 가려고 하고 불과 공기로 이루어진 물체들은 원래 위에 있었으니 위로 가려 한다고 생각했습니다. 시간이 지나 13~15세기의 중세 철학자들은 기독교적 우주관에 기인하여 모든 것을 신의 의도와 질서의 일부로 해석했습니다. 인간 중심의 정신을 되살리려 했던 르네상스 시대가 도래한 16세기 말 갈릴레이의 피사의 사탑 자유낙하 실험 덕분에 물체의 관성과 속도, 가속도, 공기저항이란 개념들을 새로이 알게 되었지만, 정작 물체가 왜 아래로만 떨어지는지는 알 수 없었습니다.

　하지만 뉴턴은 자신에게 떨어진 사과 하나로부터 질량을 가진 물체들 사이에는 인력이 작용함을 공식화한 만유인력의 법칙[60]을 발견하면서 지구 표면에 존재하는 모든 물체는 지구라는 큰 질량 방향으로 가속되는 힘이 작용함을 알게 되었습니다. 그리고 질량을 가진 두 물체 간에 작용하는 힘은 거리의 제곱에 반비례함도 알아냅니다. 즉, 뉴턴의 만유인력 법칙은 질량을 가진 두 물체 사이에 작용하는 인력 관계를 설명하는 내용으로 두 물체의 질량과 거리만으로 어떤 관계가 있음을 말해줍니다.

우리가 찾아야 할 행복 방정식에서도 만유인력 법칙과 같이 직접적인 관계가 있는 변수가 무엇인지 알아내기 위해 찾아보고 고민해봤습니다. 다만 오랫동안 우리를 포함한 많은 사람들이 고민했음에도 불구하고 여전히 어느 누구도 단위와 숫자로 측정할 수 없는 상황입니다. 3장에서 상세하게 다루었듯 행복과 그 요인들을 단위와 숫자로 정량화할 수 있는 변수들로 생각해야만 합니다. 고민의 결과가 모든 사람에게 통용되기는 어렵겠지만, 자신만의 행복을 찾는 데 조금의 시간과 노력이 있다면 충분히 찾아볼 수 있으리라 생각합니다.

몇 가지 요인들을 예로 설명하겠습니다. 많은 사람들이 행복의 요인으로 돈과 건강을 생각합니다. 돈의 경우는 이미 객관화된 단위가 존재하기 때문에 돈의 액수와 행복의 관계 그래프가 작성되어 있습니다. 쉽게 찾아볼 수 있는 돈과 행복의 관계 그래

---

[60] law of universal gravity, 질량을 가진 물체 사이의 끌림을 기술하는 물리학의 기본 법칙

프는 리처드 이스털린(Richard A. Easterlin)이 발표한 역설 그래프와 앵거스 디턴(Angus Deaton)의 돈과 삶의 만족도 그래프입니다.[29, 30]

그래프는 연소득 7만 5,000달러 수준까지는 행복감이 상승하지만, 연소득 7만 5,000달러를 기준으로 더욱 많이 벌어도 이전의 상승 기울기보다 많이 낮아짐을 보여줍니다.[61] 행복감의 기울기가 변하는 연소득 7만 5,000달러보다 중요한 사실은 기울기가 변하는 이유입니다. 이스털린과 디턴 교수도 언급했듯이 돈이 많음에 따라 돈으로 해결할 수 있는 즐거움은 커질 수 있어도 그 즐거움이 곧바로 행복으로 이어지지 않는다고 합니다. 차가 없던 사람이 4천만 원대의 차를 처음 구입했을 경우와 2억 원대의 차를 가진 사람이 2억 4천만 원대의 차를 구입했을 경우를 비교해본다면, 아마도 전자의 경우가 더욱 큰 행복감을 느끼지 않을까요?

즉 행복의 요인으로 흔히 돈을 생각하면 단위는 달러나 원과 같은 통화 단위를 생각하곤 합니다만, 도리어 돈과 행복감의 기울기 크기가 더 중요함을 말해줍니다. 물론 행복감에는 단위가 없기 때문에 해당 개념의 단위를 기재할 수는 없지만, 억지로라도 표현한다면 '행복감/원' 정도가 될 것입니다. 이런 표현을 물리에서 찾아보자면 거리(m)와 시간(sec.)에 관련된 속력의 단위인

61　이스털린 교수가 의미한 바는 '소득이 일정 수준에 도달하면 아무리 소득이 증가해도 행복은 더 이상 증가하지 않는다'가 아닌, '행복을 가져다주는 건 소득의 절대적인 값어치가 아니라, 그 상대적 가치이다'라는 것이다.[31, 32]

m/sec.입니다. 단위 표현을 기준으로 보면, 위치를 표기하는 거리가 행복감과 같으며 시간과 돈이 같은 위치에 있습니다. '행복감/원'이란 이상한 단위를 속력에 해당하는 현상으로 빗대어 해석하자면, 행복감의 절대적 위치보다는 돈이 주는 행복감의 크기를 크게 만드는 모멘텀[62]이 중요함을 의미합니다. 모멘텀이 주는 의미로 한 단계 더 고민해보면 돈의 사용 가치가 돈의 크기보다 더욱 중요함을 말해줍니다.

건강은 체중과 키로 계산하는 체질량지수(Body Mass Index, BMI)나 인체의 구성성분으로 분석하는 체성분검사(Bioelectric Impedance Analysis, BIA) 등으로 신체의 건강 수준을 평가합니다. 해당 지표들은 결국 건강하게 살면서 기대 수명이 증가하는 것으로 해석할 수 있으며, 이 기대 수명이 곧 행복과 비례함을 알아낸 연구 결과가 보고되었습니다.[33] 따라서 기대 수명을 증가시킬 수 있는 건강 활동과 지표들은 행복을 향상시키는 데 모두 강한 비례관계가 있음을 알 수 있습니다.

행복과 가장 밀접하게 관계된 돈과 건강에 대한 이야기를 통해 이것들이 우리가 생각하는 단위와 크기에 직접적으로 관련되어 있지 않음을 알 수 있었습니다. 하지만 각 요인의 가치와 적용 환경을 감안하여 유사한 형태를 가진 물리 단위와 비교하면서 고민해보면 분명 자신의 행복과 관련된 단위와 크기를 찾을 수 있

62　momentum, 물질의 운동량을 뜻하는 물리학 용어로 등속 운동하는 질량체를 뜻한다. (Kg·m/sec.) 사회에서는 일을 진행하는 데서의 탄력 혹은 가속도를 의미한다.

으리라 생각합니다. 돈과 건강 외에 다른 요인들이 자유, 칭찬과 인정, 권한과 권력 등과 같은 특정할 수 없는 행위일지라도 나름의 단위와 크기로 평가하여 적용할 수 있지 않을까요?

행복 방정식 수립 3단계는 선택한 단위별 요인 정렬입니다.

퍼즐이 안 맞아서
관계없어 보였습니다

퍼즐(Puzzle)이란 본래 시행착오를 거쳐가며 출제자가 의도한 문제를 풀어가는 놀이입니다. 출제자 의도에 따라서 문제 형태뿐만 아니라 풀어가는 형식도 다양하기에 퍼즐 놀이 종류도 다양합니다. 그러나 흔히 퍼즐이라 함은 2D 표면에 다양한 모양의 부품을 겹치지 않게 이어 붙이는 타일링 퍼즐 놀이 일종으로 직소 퍼즐(Jigsaw Puzzle)을 생각합니다. 직소 퍼즐(이하 퍼즐로 표기)의 조각 개수가 많아지면 많아질수록 어려워지는데, 그럼에도 불구하고 잘 맞추는 사람들에게는 나름의 비법들이 존재합니다.

먼저 퍼즐을 맞출 여유 공간을 충분히 확보합니다. 다음 테두리까지는 대략적인 모양만으로도 쉽게 맞출 수 있기 때문에 테두리에 해당하는 직선을 포함하는 조각들부터 찾아서 테두리부터 맞춥니다. 테두리 조각을 찾으면서 보이는 다른 조각들은 유사한 색깔별로 미리 분류합니다. 이 다음부터는 집중력을 가지고 완성된 그림과 비교하며 미리 분류한 퍼즐 모양을 맞춰나가는 것입니다.

과학과 공학 연구도 요인들을 맞추는 점에서 퍼즐과 유사합니다. 설명을 위해 다시 앞 장에 기재한 만유인력 법칙 공식을 보겠습니다. 인력(F)을 구성하는 퍼즐 조각으로 중력상수(G), 질량체 1의 질량(m_1), 질량체 2의 질량(m_2), 질량체 간의 거리(r) 총 4개가 있습니다. 퍼즐 조각이 그나마 4개로 한정지어져 있기에 각 요인들 위치를 찾기 용이해졌지만, 여전히 어디에 위치해야 하는지 모릅니다.

퍼즐 조각들이 가지는 색과 모양처럼 물리 요인에도 색과 모양이 있으면 맞추기 편할 것이라고 생각한다면, 그 역할을 담당하는 것이 단위입니다. 만유 인력법칙 우변에 표기되어 있는 힘을 표시하는 단위는 Newton이며, 물체의 힘을 구성하는 세부 요인들로 나누면 가속하는 질량체 단위인 $kg \cdot m/sec^2$으로 표시됩니다. 우변에 분자에 표기되는 질량체의 곱은 kg^2이 되고, 분모에 표기되는 거리의 제곱은 m^2이 되어 세 요인의 단위는 kg^2/m^2이 됩니다. 좌변의 단위와 우변의 단위를 비교해보면 뉴턴이 발견한 만유인력 상수 단위인 $N \cdot m^2/kg^2$이라는 모양이 될 수밖에 없습니다. 단위를 이용해 푸는 방식은 물론 퍼즐과는 다르지만, 뉴턴이 발견해낸 만유인력 상수는 모든 질량체가 갖는 인력의 크기를 계산하는 데 비례적으로 사용하는 상수이기 때문에 퍼즐 조각과 같이 고유의 색과 모양을 가지게 된 겁니다.

이번에는 행복 방정식 요인들을 가지고 퍼즐과 만유인력 법칙처럼 관계성을 다뤄보겠습니다. 행복에 관련한 요인들에 대해 많이 다뤘지만 비교적 단순한 예인 돈과 건강 두 가지 요인으로 시작하겠습니다. 앞 글에서 돈과 건강의 단위로 통화와 체질량지수들을 언급했습니다.

우선 돈과 건강을 지칭하는 해당 단위들이 동일하지 않기 때문에 덧셈과 뺄셈 관계로 설명할 수 없습니다. 하지만 돈도 많고 건강도 하면 행복해지는 것은 누구나 인정하는 사실이라고 생각하니 서로 곱의 비례 관계로 표현할 수 있습니다. 이렇게 행복에서 돈 및 건강과 같이 곱의 비례 관계가 있는 경우 수학적 기호로는 '∝'(Proportionality Sign)을 사용하여, '행복 ∝ 돈', '행복 ∝ 건강'이라고 표기합니다.

만약 돈과 건강처럼 많을수록 행복해지지 않고, 스트레스처럼 도리어 많아질수록 불행해지는 요인들은 반비례 관계라고 하며, 기호는 동일하게 쓰나 표기만 '행복 ∝ 1/스트레스'와 같이 분수로 표시합니다. 비례관계 연산은 곱셈이 기본이기에 우선 아주 기본적인 관계식으로 '행복=(돈×건강)/스트레스'로 표현할 수 있습니다.

이 기본 공식에 심화 버전을 적용한다면, 해당 요인 효과들을 고려하여 증가폭을 조절하면 됩니다. 예를 들어, 돈보다 건강이 더 중요하다 싶으면 건강에 양의 비례 상수를 곱해주거나 건강을 두 번 곱한 제곱을 쓰면 됩니다. 반대로 1보다 작은 수를 곱해 비율을 낮추거나 제곱근을 쓰면 해당 요인의 효과는 감소하게 됩니다. 물론 해당 비율을 조절하는 것은 보다 정밀하고 많은 결과들을 토대로 검증되어야 합니다만, 당장은 행복에 정비례한 관계인지 혹은 반비례한 관계인지만 알아내도 해당 요인들로 퍼즐을 맞추는 데 충분한 준비가 됩니다.

행복 방정식 수립 4단계는 정렬된 요인들의 비례/반비례 관계 파악입니다.

내가 원하는 것은 y축,
내가 할 수 있는 것은 x축

1986년 모토로라에서 불량을 최소화한 제품 혹은 서비스를 개발하고 제공하려는 목적으로 6 Sigma라는 품질 경영 기법을 정립했습니다. 품질 경영 기법을 의미하는 6 Sigma는 모토로라가 등록한 상표이지만, 본래 의미는 정규분포에서 6 표준편차인 100만 개 중 3.4개의 불량률(Defects Per Million Opportunities, DPMO)을 의미합니다.

생산량이 얼마가 되든 제조되는 제품들에서 불량이 발생함은 곧바로 손해를 의미하기 때문에 기업에서는 불량률을 최소화하기 위한 시스템인 DMAIC[63]과 DMADV[64]를 개발하여 운영하고 있

---

[63] 정의(Define), 측정(Measure), 분석(Analysis), 개선(Improve), 관리(Control)로 이루어진 시스템으로 주로 기존 시스템을 향상시키기 위해 사용된다.

[64] 정의(Define), 측정(Measure), 분석(Analysis), 디자인(Design), 검증(Verify)으로 이루어진 시스템으로 새로운 제품을 만들거나 예측 가능하고 결함이 없는 제품을 만들기 위해 사용된다.

습니다. 이외에도 기업과 제품에 적합하게 변형한 방법론들이 있는데, 기본적으로 첫 단계인 정의 단계에서 개선 목표를 정하고, 다음 단계인 측정 단계에서 현재 프로세스와 제품의 수준을 파악하고 목표를 달성하는 데 결정적인 영향을 끼치는 요인(Critical To Quality, CTQ)을 찾아냅니다. CTQ를 찾아낼 때 많은 경험을 토대로 추정 가능한 요인들을 추려낼 수도 있지만, 추정되는 요인들 수가 많으며 각 요인들 간의 관계가 독립적이지 않고 한 개 이상의 요인들이 종속적인 경우가 많아 주요 요인들을 추정하기가 쉽지 않습니다.

이를 정리하기 위해 6 Sigma에서는 요인들을 목표값에 영향을 끼치는 크기에 따라 정리하여 그림과 같은 품질의 집(House Of Quality, HOQ)을 작성합니다. 적용 시스템에 따라 조금씩 변형하여 사용하기는 하지만, 기본적으로는 5개 구역으로 나뉘어 있습니다. 첫 번째 구역은 품질의 집에서 가장 중요한 구역으로 목표 및 결과를 중요도 순서대로 정리합니다. 두 번째 구역에는 목표에 관계되는 요인들을 객관적으로 평가하기 위해 관련된 모든 요인들을 나열합니다. 세 번째 구역에는 두 번째에 정리한 요인들이 첫 번째 구역에 정리한 목표 및 결과와 갖는 관계를 정리합니다. 정확한 관계를 모를 경우에는 최소한 정비례 관계인지 혹은 반비례 관계인지 정도만 기재하나, 계수를 알면 더욱 정확한 평가가 가능합니다. 네 번째 구역에는 내부 수준을 객관적으로 평가하기 위해 목표 및 결과에 대한 외부 수준을 정리합니다. 다섯 번째에는 세 번째에 평가한 각 요인들의 점수를 합한 뒤 순번을 정합니다. 여기까지 평가를 진행하면 두 번째 구역에 기재한 요인들 중 요구사항에 영향력이 가장 큰 요인을 알 수 있습니다. 마지막으로 여섯 번째에는 요인들 간의 상관관계를 기재합니다. 요인들 간의 관계성을 평가하여 종속적인 관계인 경우 크게 정비례와 반비례 관계가 있습니다. 정비례 관계일 경우에는 하나의 요인을 증가시킴에 따라 다른 요인도 증가하면서 목표 및 결과값에 긍정적인 영향을 끼치지만, 반비례 관계일 경우에는 두 요인의 절충점이 필요하게 됩니다.

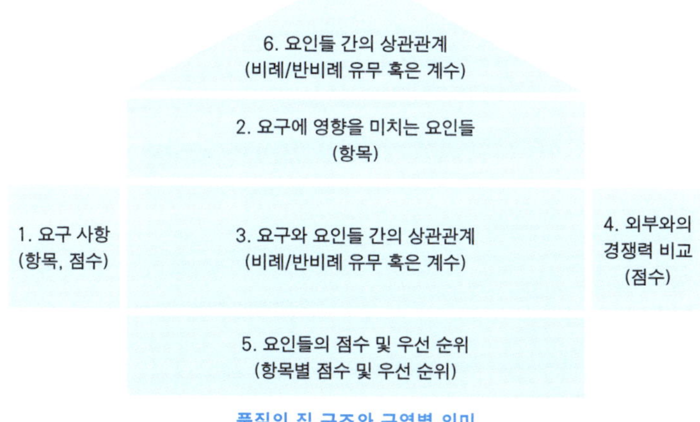

품질의 집 구조와 구역별 의미

품질의 집에서 중요하지 않은 단계가 없으나, 품질을 개선하는 주체에게 요인을 설정하는 능력 혹은 판단이 중요한 구역은 2

번, 3번, 6번 구역입니다. 특히 2번 구역에 요인들을 설정하고 나서 6번 구역 요인들 간 상관관계를 평가할 때 반비례 종속관계에 있는 그룹과 비례 종속관계에 있는 그룹 또는 극히 드물지만 다른 요인들과 독립관계에 있는 그룹들을 확실하게 나눌 수 있다면, 목표 및 결과를 개선하는 데서 적은 노력으로도 최대 결과를 얻을 수 있는 효율적인 선택이 가능해집니다.

독립관계와 종속관계를 구분하는 일은 문제의 차원을 낮추고, 해법의 정확도를 높이는 출발점입니다. 독립 요인은 다른 요인의 변화에 휘둘리지 않으므로 단일 효과(주효과)를 깔끔히 추정할 수 있고, 종속 요인은 상호작용과 교란을 일으키므로 결합 효과로 모델링해야 합니다. 이를 구분하지 않으면 측정된 영향이 실제 원인인지, 다른 요인에 의존·매개·상호작용한 결과인지 뒤섞여 잘못된 투자와 과잉·과소 개선으로 이어집니다.

실무에서 이는 다중공선성, 위장된 상관, 누락변수 편향으로 나타나며, 실험계획(Desing of Experiments, DOE), 회귀/분산분해, 부분상관 분석 등도 독립 및 종속의 올바른 구획을 전제로 의미를 갖습니다. 요약하면, 독립 및 종속의 구분은 측정-분석-개선-검증 전 과정을 관통하는 설계 원칙이며, 같은 데이터로도 더 단순한 모델과 더 낮은 분산성, 더 높은 재현성을 가능하게 합니다.

또한 종속관계 안에서 정비례와 반비례가 동시에 작동하는 성능을 올리면 원가 및 리스크가 함께 상승하는 모순적 상황에 대한 해답은 '최대 혹은 최소'가 아니라 '최적(Optimum)'에서 찾아야 합니다. 이때 핵심은 한계효과의 균형점입니다. 즉, A를 조금 더 올려 얻는 한계이익과 그로 인해 B에서 발생하는 한계손실이 같아지는 지점 혹은 원가, 납기, 신뢰성 같은 제약을 만족하면서 목표함수(Critical to Quality, CTQ)의 총 효용이 최대가 되는 조합입니다.

실무적으로는 파레토 경계 혹은 전선(Pareto frontier)[65] 상의 의사결정, 가중합계[66] 및 제약부여, 라그랑주 승수(Lagrange Multipliers)[67], 민감도 및 탄력도 분석, 로버스트 설계(Robust Desing)[68] 등을 통해 이 균형점을 탐색합니다. 이렇게 찾은 최적점은 단일 지표의 극단이 아니라 목표 간 트레이드 오프(Tradeoff)[69]를 최소 총비용으로 봉합한 해이기에 변화에 더 안정적이고 재현 가능한 품질 개선을 보장합니다.

요인 간 종속관계가 되어 모순 관계를 갖는 대표적인 물리 현상은 교류 회로에서 전압이 가해졌을 때 전류의 흐름을 방해하는 저항값을 의미하는 임피던스(Impedance)입니다. 학교에서 전기를 배울 때, 가장 먼저 배우는 공식인 은 전압은 전류와 저항에 비례

---

65 여러 목표가 서로 충돌할 때 어떤 목표가 더 좋아지면서 다른 목표가 나빠지지 않는, 더 이상 개선 불가 해들의 집합

66 각 항목에 부여된 가중치(중요도)를 곱한 뒤, 그 결과들을 모두 더하는 합산 방식

67 제약식이 있는 최적화 문제를 풀 때, 제약을 식 안에 승수로 묶어 무제약 최적화로 바꿔 푸는 수학적 방법

68 환경, 제조 편차 같은 노이즈가 있어도 성능이 흔들리지 않도록, 평균은 맞추고 분산은 줄이는 설계 방법

69 하나의 이득을 얻기 위해 다른 무언가를 희생하거나 잃는 상황적 결정

함을 보여주는 관계식입니다. 이 관계식은 전압의 방향이 바뀌지 않는 직류(Direct Current, DC)일 경우의 관계식이며, 이때 회로의 구성품인 도선을 포함하여 전기로 작동하는 제품들은 저항(Resistor)으로 작용하여 직류 전류의 흐름을 방해합니다.

그런데 일상 생활에서는 직류 전압 말고도 시간에 따라 전압의 방향이 바뀌는 교류(Alternating Current, AC)[70]도 사용합니다. 교류 전압의 극성이 1초에 바뀌는 빈도수를 주파수로 지칭하며 헤르츠(Hertz, Hz)라는 단위를 사용합니다. 이런 교류 전압 회로에서의 저항은 V=IR 공식으로는 설명되지 않습니다. 교류 전류를 방해하는 요인을 간단히 설명하자면, 저항(Resistor, R), 인덕터(Inductor, L), 커패시터(Capacitor, C) 세 가지 임피던스로 구성되어 있습니다.

이중 인덕터와 커패시터가 교류 전압 주파수에 관계되는데, 아이러니하게도 둘의 관계가 정반대입니다. 인덕터라는 저항은 긴 도선을 코일로 감아둔 형태이고, 커패시터라는 저항은 도선과 도선 사이에 절연막을 끼워놓은 형태입니다. 이런 형태에 기인하여 주파수가 낮아질 때는 인덕터의 임피던스는 감소하지만, 커패시터의 임피던스는 증가합니다. 반대로 주파수가 높아질 때는 인덕터의 임피던스는 증가하지만, 커패시터의 임피던스는 감소합니다.

이를 공식으로 표시하면 인덕터의 임피던스는 'Z=ωL', 컨덕

터의 임피던스는 'Z=1/ωC' 입니다. 즉, 교류 회로에서 주파수는 인덕터의 임피던스에 비례하고, 커패시터의 임피던스에 반비례합니다. 이런 교류 회로에서 임피던스를 감소시켜 교류 전류의 흐름을 높이고 싶다면 주파수를 제어하는 것보다는 해당 주파수에 맞는 인덕터와 커패시터 크기를 제어하는 편이 효율적입니다.

교류 회로와 같은 논리를 행복 관계에도 적용해보았습니다. 임피던스를 성공의 방해 요인으로 생각한다면, 주파수는 변심, 환경 변화, 시도 횟수, 혼란도로 가정할 수 있습니다. 변화 저항성인 인덕터는 생활 관성을 뜻하는 습관, 과거 경험, 고정 관념으로 생각할 수 있고, 변화에 대응 가능한 커패시터는 열정, 즉흥성, 감정 기복으로 볼 수 있다고 생각합니다.

인덕터에 해당하는 요인들은 변화를 싫어하는 보수적 요인이며, 커패시터에 해당하는 요인들은 변화를 좋아하는 진보적 요인들로 해석할 수 있습니다. 이 요인들 중 변화는 내부 요인보다 외부 환경 때문에 수동적으로 발생하는 경우가 많습니다. 즉, 내면의 보수적인 요인과 진보적인 요인들을 환경 변화에 맞게 제어하는 것이 행복에 가까워지는 비결이라고 생각합니다.

성격 구분	보수적 요인(인덕터)	진보적 요인(커패시터)
예시 요인	습관, 과거 경험, 고정관념	열정, 즉흥성, 감정 기복
방향성	보수적, 안정 지향	진보적, 변화 지향
변화에 따른 반응	높아질수록 방해 증가	높아질수록 방해 감소
방해 유형	과거에 매인 저항	감정에 휘둘리는 저항

전자 회로에 빗댄 행복 관계

행복 방정식 수립 5단계는 인과관계들의 순번 지정입니다.

그렇게 '된' 결과와 그렇게 '될' 가능성

과거로부터 이어져온 문명의 혜택으로 삶의 질은 월등히 향상되었는데, 월등히 향상된 삶의 질은 우리의 걱정거리를 줄여줬을까요? 향상된 삶의 질과는 별개로 크고 작은 걱정거리들이 늘 우리 곁에 있으면서 행복한 인생을 방해합니다. 걱정의 종류에 대해서도 여러 연구 결과들이 있지만, 제가 생각하는 걱정의 종류는 현재를 기준으로 과거에 대한 후회와 미래에 대한 불안함에 기인한 것, 두 가지 걱정으로 나눌 수 있다고 생각합니다.

사람과 상황마다 차이가 있겠지만, 시도에 대한 경험이 부족한 젊은 세대의 경우, 과거에 대한 후회보다 미래에 대한 불안함이 상대적으로 클 듯합니다. 반대로 인생을 살아온 연차가 길어지면서 쌓인 연륜이 원하는 만큼의 결과를 가져다주지 못했다면 과거에 대한 후회가 도전을 망설이게 하는 걸림돌이 되기도 합니다. 이처럼 과거로부터 현재를 지나 미래까지 이어지는 걱정을 발생시키는 원인은 그동안 겪었던 일들을 근거로 정제되지 않은 통계와 확률을 은연중에 적용하기 때문입니다.

수학적 통계와 확률은 과학과 공학에서도 기본적으로 사용하는 강력한 수학 도구입니다. 그럼에도 불구하고 우리가 인생을 살면서 은연중에 적용하는 통계와 확률과 무엇이 다를까요? 과학과 공학에서 다루는 이론과 법칙들은 수많은 검증을 통해 물리적으로 완벽하게 확인하고 설명할 수 있는 현상입니다. 따라서 해당 이론과 법칙을 토대로 미래에 일어날 결과를 정확하게 예측하거나 혹은 원하는 결과를 만들어내도록 상황을 제어할 수 있게 해줬습니다.

인류 문명은 미래를 예측하고 제어할 수 있는 이론과 법칙들을 토대로 빠르게 발전하고 있습니다. 이미 많은 이론과 법칙들이 발견되어 더 이상 발견할 것이 없을 듯하지만, 인류는 빙산의 일각만 찾아냈을 뿐입니다. 우주 현상은 물론 지구 환경의 인과 관계도 아직 불분명하며, 행복과 같은 인간의 감정 관계성도 여전히 명확하게 알지 못합니다.

여전히 불분명한 현상들을 연구하는 연구자들은 관계성을 설명하기 위해 통계를 사용합니다. 통계란 명확한 인과 관계까지는 확실히 알지 못해도 원인에 대한 결과의 증감 관계 정도의 상관관계를 알 수 있게 정리하는 방법입니다. 그리고 이러한 통계를 기반으로 미래를 예측하는 방법이 확률입니다. 예를 들어, 100번

도전해서 100번 실패한 경우 여러 이유가 있을 수도 있지만 상세한 이유를 제외하고 단순한 관계로는 성공률 0%로 정리하는 것이 통계입니다. 이런 통계를 기반으로 미래에 100번의 시도를 하든 1000번의 시도를 하든 한 번의 성공을 기대하지 못할 가능성이 0%임을 어림잡아 추측하는 방법이 확률입니다.

앞서 이야기했듯이 행복 관계에서 과학적 인과 관계를 입증하기는 쉽지 않습니다. 그렇기에 명확한 요인에 대한 결과를 논리적 오류[71] 없이 통계적인 상관 관계로 정리하는 과정이 매우 중요합니다. 특히 통계에서는 고려해야 할 오류들이 있습니다. 우리가 인생의 경험을 다룰 때 어떤 오류에 빠질 수 있는지 열세 가지 오류들을 정리해보았습니다. '3명의 채식주의자가 병에 걸렸음을 보니, 채식은 건강에 좋지 않다'처럼 소수의 사례나 관찰만을 바탕으로 전체에 대한 결론을 내리는 성급한 일반화의 오류(Hasty Generalization)가 있습니다.

여름에는 더위 때문에 아이스크림 판매가 많아지고 물놀이 중 익사사고도 많이 발생하는데, 익사사고 증가 원인을 아이스크림

---

[71] 1. 인신 공격: 주장 자체가 아닌, 주장한 사람의 성격, 동기, 배경을 공격함, 2. 허수아비 공격: 상대의 주장을 왜곡해 반박하기 쉬운 형태로 만든 후 공격, 3. 잘못된 이분법: 선택지를 둘로만 제한, 4. 순환 논법: 주장을 증명하기 위해 동일한 주장을 반복, 5. 원인 착오: 시간상 앞선 일이 원인이라고 여기는 착각, 6. 감정에 호소: 논리 대신 동정, 공포, 분노 등 감정을 자극, 7. 권위에 호소: 관련 없는 권위자의 말이 무조건 옳다고 주장, 8. 무지에 호소: 반대 증거가 없으니 옳다고 주장, 9. 결합/분할의 오류: 부분과 전체 사이의 속성 관계를 착각, 10. 논점 일탈: 논점을 흐리기 위해 무관한 주제로 이탈, 11. 도박사의 오류: 확률적 사건이 직전 결과에 따라 영향을 받을 것이라는 착각, 12. 성급한 일반화의 오류: 극히 일부 사례로 전체를 일반화, 13. 자연주의 오류: 자연스러운 것이 좋은 것이라는 잘못된 믿음

판매 증가로 간주하는 것처럼 인과 관계가 불분명하거나 엉뚱한 두 사건에 원인과 결과를 연결하는 원인 착오(False Cause)가 있습니다.

동전의 앞/뒤가 나올 가능성이 5 대 5임을 알고 있는 상황에서 동전을 5회 던져서 계속 앞면이 나온 상황에서 다음 시도에서는 확률을 맞추기 위해 뒷면이 나올 것이라고 추측하는 예와 같이, 확률적 사건이 독립적임에도 불구하고 과거 결과가 미래 결과에 영향을 준다고 착각하는 도박사의 오류(Gambler's Fallacy)도 있습니다.

스포츠 팀을 구성할 때 역량이 뛰어난 선수들만 모아놓은 팀이 우수할 것이라 생각하는 경우와 같이, 개별 요소의 성질이 전체에도 동일하게 적용되리라 착각하는 결합/분할의 오류(Fallacy of Composition/Division)가 있습니다.

표본편향(Sampling Bias)이란 오류는 전체를 대표하지 못하는 표본으로 조사하고 전체를 일반화하는 오류로서, 특정 연령대만 대상으로 한 여론조사를 국민 전체의 의견으로 해석하는 사례들의 오류입니다.

선택적 보고(Cheery Picking)는 이미 결정해놓은 결론이 있기에 결론을 추론하기에 유리한 데이터만 선택하고 불리하거나 반대되는 데이터는 무시하는 데서 나타나는 오류로 백신의 부작용 사례만 모아 해당 백신을 위험하다고 주장함이 그 예입니다.

회귀의 오류(Regression Fallacy)는 특이값이 나타난 후 자연스럽게 평균으로 돌아가는 현상을 외부 요인 덕분이라고 착각하는 오류로, 과거 월식이 일어나 달이 사라졌을 때 기도를 통해 다시 달이 나타남을 믿는 오류입니다.

이외에도 변수나 표본을 선택하고 해석하는 데 해석자의 의도가 개입되어 생기는 확증 편향(Confirmation Bias), 잘못된 분류 오류(Misclassification), 생존자 편향(Survivorship Bias), 혼동 변수 무시(Confounding Variable), 과소/과대 분산 오류(Under/Over Dispersion), 다중 비교 오류(Multiple Comparison Fallacy) 등이 있습니다.

이처럼 통계학에서 다루는 오류의 종류와 디테일을 확인해보면, 인생을 살면서 겪은 경험과 데이터를 얼마나 쉽게 다뤄왔는지 이해할 수 있습니다. 쉽게 다뤄온 인생 통계를 기반으로 내리는 확률은 당연히 신뢰성이 낮습니다. 도리어 운에 기인했다고 판단하는 편이 더욱 합리적이라고 볼 수 있습니다. 하지만 논리적 오류를 고려하며 쌓은 통계적 결과의 신뢰성이 높아진다면, 미래에 벌어질 일들을 예측하는 것은 물론 원하는 결과를 얻는 데에도 큰 도움이 되리라 확신합니다.

행복 방정식 수립 6단계는 관계 요인들의 데이터 수집입니다.

8장

비어 있는
시공간 메우기

노력한 시간은
이어져 있지 않다

가르침에 대한 사자성어 중 반대의 면을 가르치는 스승이라는 뜻을 가진 '반면교사(反面教師)'라는 말이 있습니다. 우리는 행복을 바라보고 쫓아 얻을 수도 있지만, 불행한 사례를 보고 반대 경우를 상상하며 깨달을 수도 있습니다. 불행의 요인 역시 행복의 요인을 반대로 생각하면 무수히 많음을 알 수 있지만, 이들을 한데 모아 대표성을 가지는 요인을 정한다면 아마 실패가 아닐까요? 실패의 요인 역시 많지만 굳이 핵심 요인을 고른다면, 주체자 내부의 원인인 부족한 능력과 외부 요인인 목적한 바와 부합하지 않은 환경이라 생각합니다.

여기서 외부 요인인 환경은 우리가 바꿀 수 없으니, 상대적으로 중요한 요인은 내부 요인인 능력입니다. 이 능력을 개선하는 방법은 배움이고, 배움을 대하는 태도로서 일반적으로 노력을 중요하게 생각합니다. 그래서인지 실패에 대한 변명들을 조사해보면, 대부분 노력 부족이 원인이 아님을 증명하기 위해 외부 요인으로 돌리는 경우가 많습니다. 극히 일부 사람들이 본인 노력이 부족함을 인정하고 재시도를 합니다. 실패 요인을 찾는 일련의 과정 중에 쉽게 생각하는 노력의 의미를 잘 살펴보면 양의 개념에 가깝고, 지속성과 의지력의 표현으로 많이 시도하고 오래 지속함을 뜻합니다. 그렇기 때문에 '노력한다'란 다짐에는 해당 목적을 달성하기 위한 많은 시도와 시간의 할애가 내포되어 있습니다.

구분	항목	경험 표현
경험의 신뢰성 검증	정합성 검사	경험 간의 일관성 점검 사실의 왜곡 없이 기억 및 해석 여부
	이상치 탐지	비현실적이거나 왜곡된 경험 해석을 의심 과장, 착각, 편향된 판단 제거
	결측값 처리	공백이 많은 삶의 구간 해석 및 보완 무의미한 시간에 의미 부여
	출처 검증	정보 출처에 따라 신뢰도 평가
경험의 질 향상	데이터 전처리	자기성찰 감정 정화, 의미 재구성
	라벨 품질 검증	경험의 카테고리 및 해석 재검토 실패에서 배움 찾아보기
	데이터 편향 제거	편견이나 선입견에 벗어난 균형 잡힌 인식 고정관념 탈피
	데이터 증강	간접경험, 책, 타인의 이야기를 통해 배움

데이터 처리와 경험 표현

이를 공학적 관점으로 설명하면, 앞장에서 설명한 통계값의 수를 늘리는 의미와 동일합니다. 하지만 많은 통계값 수가 정답에 가까워지지 않는 사례들도 종종 있는데, 특히 최근 빅데이터를 기반으로 발달하는 인공지능 기술 이슈인 '쓰레기가 들어가면 쓰레기가 나온다(Garbage In, Garbage Out, GIGO)'가 대표적입니다. 그러므로 통계뿐만 아니라 인공지능 기술에서도 데이터의 유효성을 검증하고 질을 향상시키는 방법 또한 매우 중요합니다.

따라서 데이터의 신뢰성 검증 방법으로 정합성 검사,[72] 이상치 탐지,[73] 결측값 정리,[74] 출처 및 수립 경로 확인[75] 등을 수행합니다. 또한 데이터 질을 향상시키기 위해 데이터 전처리,[76] 라벨 품질 검증,[77] 데이터 편향 제거,[78] 데이터 증강[79] 등을 실시합니다. 데이터의 신뢰성 검증을 통한 질을 향상시키는 공학적 방법은 인생의 경험에도 적용할 수 있습니다. 불완전한 기억은 정합성 검토가 필요하고, 과도하게 왜곡된 감정은 이상치[80]로 간주해야 합

---

72 데이터의 날짜, 범위, 숫자 등과 같은 형식의 일관성 확인, 중복 데이터 제거

73 통계(Z-score, IQR), 머신러닝(Isolation Forest, DBSCAN), 시각화(Box plot, scatter plot)

74 평균, 중앙값, 회귀 예측 등과 같은 데이터 보간

75 데이터의 출처 확인 및 자동 수집일 경우 스크래핑 오류 및 API 오류 검증

76 정규화 및 표준화, 카테고리 인코딩, 불필요한 피처 제거, 텍스트 정제

77 전문가 검토, Active Learning으로 불확실한 샘플 수 재확인, 일부 데이터 대상 다수결 및 신뢰도 가중치 평가

78 가중 평균, SMOTE(Synthetic Minority Over-sampling Technique) 기법 적용

79 이미지의 경우 회전이나 분할로 데이터 수 증가, 텍스트의 경우 동의어 치환 수행

80 Outlier, 다른 자료와는 극단적으로 다른 값

니다. 노력이 결여된 시간을 반성으로 보완하고, 경험의 출처를 분별하여 진실된 교훈만 남겨야 합니다. 이렇게 전처리된 인생의 경험은 삶의 편향을 바로잡고 다양한 관점으로 증강된 경험으로 재정의할 수 있습니다.

노력은 종종 사전 의미와 같이 시도 횟수와 시간의 양으로만 가볍게 다뤄지곤 합니다. 실패의 해결 방법으로 사용되어 다른 시도와 시간까지 할애하게 만들거나, 비교라는 기법을 사용해 상대적으로 작은 노력의 성공을 폄하하는 데 사용되곤 합니다. 이는 노력의 과정 중에 포함된 노력의 질을 의미하는 집중의 시간을 고려하지 않았기 때문입니다.

현대 사회에서 한 사람의 능력을 평가하기 위해 사용하는 시스템인 이력서에는 위에 기재한 내용들을 쓰게 되어 있습니다. 먼저 사회 구성원으로 등록된 정보를 기재하고 나면, 현재까지의 학력과 업력의 소속과 기간을 기재합니다. 그리고 그 기간 동안의 의미 있는 경험을 짤막하게 서술하여 본인이 필요한 인재임을 설득합니다. 소속 기간은 경험의 양을, 소속기관과 소개글은 경험의 질을 지칭한다고 볼 수 있습니다.

만약 앞 글에서 언급한 바와 같이 노력의 부재가 실패의 주요 원인이라면, 이력서에 기재하는 소속 기간이 짧을수록 본인이 인재임을 설득하는 데 불리할 가능성이 높습니다. 하지만 소속 기관과 그 소속 시기 동안의 경험이 집중의 시간이었음을 설명할 수 있다면, 좋은 성과로 이어졌음을 설득하는 데 매우 유용합니다. 이처럼 노력한 시간에 숨겨진 집중의 시간 비율이 높아야 좋은 성과를 낼 가능성이 높아짐을 아래와 같은 수식으로 표현할 수 있습니다.

$$\text{좋은 성과 가능성 (\%)} = \frac{\text{노력의 시간} \times \text{집중의 시간}}{\text{살아온 시간}^2} \times 100$$

행복 방정식 수립 7단계는 5단계의 관계로 사칙연산 방정식을 만들어보고, 6단계의 수집한 데이터로 검증하기입니다.

제가 학생이라는 신분을 졸업하고 첫 직장에서 첫 과제를 맡아 일하게 되었을 때, 나이가 여든이 넘은 프로젝트 고문이 해주신 조언이 있습니다. "인생의 첫 업무를 성공시키는 사람은 남은 인생에서도 항상 성공하지만, 반대로 첫 업무를 실패하는 사람은 남은 인생에서도 항상 실패하니, 꼭 성공시키길 바랍니다." 당시의 저는 고문님 조언과는 별개로 2년이라는 기간 동안 주말과 공휴일도 없이 매일 12시간 이상씩 연구에 매달렸습니다.

하지만 아쉽게도 노력과 집중이 부족했는지 첫 업무를 성공시키지 못했습니다. 당시 분위기로 볼 때는 업무에 최선을 다하라는 격려의 말이었습니다. 첫 과제를 실패한 저에게 고문께서는 처음부터 불가능한 도전이었음을 이유로 들며 위로해주었지만, 그 격려는 도리어 저에게 무서운 저주가 되어버렸습니다. 물론 그 뒤 제 인생이 그렇게 나빠지진 않았지만, 고문님 조언을 다시 떠올려보면 인생에 대한 깊은 통찰이 담긴 조언이었다고 생각합니다.

우리는 살아가는 동안 시기와 기대의 크기 그리고 보상 등 여러 상황들이 다른 첫 번째 도전, 기회, 시도를 겪게 됩니다. 처음이기 때문에 해당 지식도 경험도 미숙하며 주위 사람과 환경도 낯설기에 성공은 쉽지 않습니다. 그럼에도 불구하고 성공시킨다면 개인 이력에 해당 과제에 투입했던 기간과 함께 성공이란 단어가 남게 됩니다. 그리고 본인에게는 첫 경험이 성공의 경험이 되었으니, 자연히 다음 업무에도 성공에 대한 기대감이 상승함은 당연한 흐름이라 생각합니다.

일단 고문님이 해준 조언의 첫 문장은 제법 옳은 듯했습니다. 두려움을 가지고 두 번째 상황에 대한 고민도 시작했습니다. 그렇게 노력과 집중을 쏟아부은 첫 도전이 실패로 끝난 저로서는 스스로에 대한 실망감이 매우 컸습니다. 고문의 위로가 귀에 들어오지 않았으며, 2년간의 노력과 집중이 부족했음을 자책했습니다. 당연히 자신감이 바닥까지 떨어졌고, 자신감이 사라진 자리에는 저를 믿고 과제를 맡긴 관련 상사와 함께 일한 동료들에게도 미안한 감정이 자리했습니다. 다음 과제의 성공 여부에 대한 확신을 잃었습니다. 이런 상황까지 되니 고문의 조언이 맞는 듯했습니다.

이런 패배자의 늪에서 벗어나지 못하고 가라앉아 있었을 때,

저를 꺼내준 사례는 어린 시절 두발 자전거를 처음 탔을 때의 기억이었습니다. 첫 시도의 성공이 인생 전체의 성공이라는 말이 정말 옳다면, 저는 자전거를 못 타는 사람이 되었을 것이며 아마 이 세상에 자전거를 타는 사람은 극소수가 되었을 겁니다. 세발자전거와 보조 바퀴를 단 두발 자전거야 넘어질 일이 없지만, 보조 바퀴를 뗀 자전거는 중심을 잃으면 바로 넘어지게 됩니다. 중심을 잃지 않기 위해서는 일정 속도 이상으로 달려야만 하는데, 낮은 속도에서 넘어져 아픔을 겪은 초심자에게 속도를 더 올리라는 비법이 통할 리가 없습니다. 하지만 끈기와 인내를 가지고 도전한 결과, 넘어짐의 아픔과 두려움을 넘어 자전거를 능숙하게 타게 되었습니다.

성공과 실패의 관계성을 평가하기 위해, 첫 경험의 첫 결과를 2D 좌표에 찍어보려 합니다. 시간을 x축에 두고 성공 크기를 y축으로 가정한 직교좌표에 (0, 0)은 아무것도 하지 않은 상태 혹은 태어났을 때로 가정해도 무방합니다. 그로부터 일정 시간이 지나 무엇인가에 도전하였고 성공해서 양의 y축에 점을 찍게 되었습니다. 도전 시기가 빠르면 빠를수록 기울기가 높아져 그 뒤에 올 성공에 대한 기대감도 커집니다. 반대로 실패해서 음의 y축에 점을 찍게 되는 경우도 마찬가지로 실패 다음의 도전에 두려움이 생깁니다. 이미 신뢰성이 낮은 기대임을 알고 있지만, 이런 오류에 사로잡히는 경우가 생각보다 꽤 됩니다.

통계학에서 표본 개수가 낮은 경우 통계적 신뢰성이 낮음을

행복 알고리즘

보여주는 관계식이 있습니다.

$$\text{Standard Error} = \frac{\alpha}{\sqrt{n}}$$

표본 평균 추정값의 변동성을 의미하는 표준 오차(Standard Error)[81]는 데이터가 평균으로부터 얼마나 흩어져 있는지를 나타내는 표준 편차 α(Standard Deviation)와 모집단 크기인 n과 관계가 있습니다. 모집단 크기가 클수록 표준 오차값이 작아지면서 변동성이 낮아 평균을 안정적으로 추정할 수 있음을 의미합니다. 앞서 언급한 경험의 모집단이 경험이 없는 결과와 단 한 번의 시도에 의한 결과 단 두 개만 있는 경우로 표준 오차를 계산하면 0.707α가 됩니다. 통계학자들은 통계적 추론의 신뢰성을 확보하려면 모집단 수가 30개 이상이 필요함을 주장합니다. 이의 표준 오차는 0.183α이며, 약 3.9배나 차이가 납니다.

이 차이를 좀 더 직관적으로 설명하기 위해 완벽한 성공과 실패를 각 1과 −1로, 첫 도전 전에 결과는 없었으니 0으로 가정해 보겠습니다. 성공했을 경우의 평균은 0.5이고, 표준편차는 0.707입니다. 실패의 경우는 평균 −0.5, 편차 0.707입니다. 정규분포[82]의 신뢰구간[83]을 95%로 가정하고 실제 성공과 실패의 신뢰구간

---

81 표본평균 추정값의 변동성

82 도수 분포 곡선이 평균값을 중앙으로 하여 좌우 대층으로 종 모양을 이루는 분포

83 모집단에서 미지의 모수를 무작위로 추출했을 때, 95% 확률로 특정구간에 포함됨, Z-score은 1.96이다.

을 계산해보면 성공 신뢰구간은 0.5±0.980이고 실패 신뢰구간은 -0.5±0.980입니다. 성공 신뢰구간에서 음의 편차값은 -0.48이고, 실패 신뢰구간에서 양의 편차값은 0.48이 됩니다. 즉, 두 계산 결과 모두 성공과 실패의 경계를 넘는 신뢰구간을 보여주므로 통계적으로도 믿을 수 없는 경험담입니다. 게다가 성공과 실패라는 단 두 글자가 그동안의 노력과 집중까지 평가하기에는 부족하다고 생각합니다.

수립한 방정식을 검증하기 위해서는 많은 경험이 필요합니다.

※ 부록의 '통계와 확률'(302쪽)에 추가 설명이 있습니다.

첫 번째 시도와 두 번째 시도
가운데 어딘가

우리는 누구나 행복하고 성공적인 삶을 꿈꾸지만, 성공을 이루는 길은 결코 단순하지 않기에 무수한 시행착오와 경험이 필요합니다. 따라서 많은 사람들이 '경험이 가장 훌륭한 스승'이라는 말을 믿고 가능한 많은 것을 직접 겪으며 배우려 합니다. 학생이 직접 공부하고 창업자가 직접 사업을 해보며 연인이 직접 사랑을 해보면서 삶의 감정과 지혜를 체득하는 것과 같이, 어떤 일이든 직접 해보는 것이 가장 확실한 학습임을 의심하지 않습니다. 실제로 직접 경험을 통해 얻은 교훈은 깊고 강렬하며 기억에 오래 남습니다.

하지만 직접 경험은 수년의 시간, 물리적 고통, 경제적 손실, 심리적 스트레스 등 다양한 대가를 요구합니다. 특히 현대 사회는 빠르게 변화하고 있으며, 실수를 되돌릴 수 없는 경우도 많습니다. 따라서 우리가 원하는 경험을 얻을 수 있을 만큼의 시간, 체력, 자금, 기회가 충분하지 않음을 알고 있기에, 직접 부딪히는 것만으로는 우리가 원하는 만큼의 경험을 짧은 시간 내에 축적하는 데 어려움이 있습니다. 그렇다면 우리는 어떻게 직접 경험의 한계를 극복할 수 있을까요? 바로 간접 경험의 전략적 활용입니다.

이때 우리가 의지할 수 있는 것이 바로 간접 경험입니다. 간접 경험이란 타인의 경험을 관찰하거나 문헌, 대화, 시뮬레이션 등을 통해 체득하는 것을 말합니다. 대표적인 예로 독서, 조언 및 멘토링, 이미지 트레이닝, 관찰 및 시뮬레이션 등이 있습니다. 독서는 가장 접근성 높은 간접 경험입니다. 우리는 위인의 삶, 실패한 기업가의 후회, 성공한 리더의 사고방식 등과 같은 타인의 경험과 깨달음을 시공간을 초월해 간접적으로 체험할 수 있습니다.

독서는 전달하는 사람이 남겨둔 경험을 시공간이 다른 곳에 존재하는 독자가 스스로 능동적으로 수용해야 한다면, 경험이 풍부한 사람의 조언 및 멘토링은 동일한 시공간에서 수용자에게 맞춰 전달해주기 때문에 시행착오를 줄이는 데 매우 유용합니다. 멘토와의 관계는 일종의 '지식의 전이'이며, 이것이 바로 조직이나 사회 내 세대 간 학습의 핵심입니다. 이미지 트레이닝은 심리학과 스포츠 분야에서 과학적 효과가 입증된 기법으로, 특정 행동이나 상황을 머릿속에서 구체적으로 상상하고 반복함으로써 실제와 유사한 학습 효과를 얻습니다. 운동선수, 수술을 앞둔 의

사, 발표를 앞둔 발표자 모두 이미지 트레이닝을 통해 성공 가능성을 높일 수 있습니다.

관찰과 시뮬레이션은 실제 현장을 관찰하거나 가상 상황을 구성해 행동을 예측하고 대응을 연습하는 방식입니다. 파일럿의 비행 시뮬레이터 훈련, 가상현실 기반 교육, 역할극 등은 대표적인 예시입니다. 이는 위험을 감수하지 않고도 복잡한 경험을 간접적으로 수행하게 해줍니다.

열거한 간접 경험들은 환경의 제약 때문에 직접적으로 접근할 수 없었던 기회의 영역을 확장시켜줍니다. 예를 들어 우리가 과거로 돌아가 역사의 전환점을 체험하는 것은 불가능하지만, 역사서를 통해 당대의 가치관, 인간관계, 정치적 흐름을 간접 경험함으로써 마치 그 시대를 살아본 것 같은 인식과 통찰을 얻을 수 있습니다.

마찬가지로, 극한 환경에서의 탐험, 사고 리스크가 큰 투자 결정, 생명을 다투는 수술 상황도 이미지 트레이닝이나 전문가의 사례 분석을 통해 미리 체험할 수 있습니다. 우주비행사는 실제로 우주에 가기 전에 수천 번의 시뮬레이션과 이미지 트레이닝을 수행합니다. 그들은 실제 우주 환경을 간접적으로 경험함으로써 실제 상황에서의 오류 가능성을 줄이고 성공 확률을 높입니다.

주식이나 부동산 투자를 하는 많은 사람들은 독서나 전문가 인터뷰, 사례 분석을 통해 간접 경험을 합니다. 이로 인해 실전에서 감정적 판단을 줄이고, 데이터를 기반으로 한 의사결정을 할 수 있게 됩니다. 트라우마나 불안 장애를 치료할 때도 이미지 트레이닝이나 타인 사례 분석을 통해 안전한 방식으로 문제를 마주하고 극복해나갑니다.

시공간 제약을 덜 받으며 자원 투입이 직접 경험보다 적지만, 간접 경험 역시 노력과 집중의 시간이 필요합니다. 우리는 하루 24시간이라는 공통된 시간의 제약에 묶여 있기 때문에 어느 정도 경험의 양이 필요한지 검토할 수밖에 없습니다. 물론 많은 경험을 한다고 해서 반드시 성공에 가까워지는 것은 아닙니다. 앞에서도 언급했듯이 중요한 것은 경험의 '양'과 '질' 모두입니다. 아무리 다양한 활동을 해도 거기서 교훈을 추출하지 못하면 의미가 없습니다. 반대로 단 한 번의 경험으로 깊이 있는 사고와 분석을 통해 깨닫기 또한 쉽지 않습니다.

즉, 몇 번의 간접 경험이라도 깊이 있는 사고와 분석을 통해 내면화한다면, 직접 경험을 능가할 수도 있습니다. 간접 경험의 강점은 바로 여기에 있다고 생각합니다. 우리는 깊은 사고와 분석을 통해 간접 경험으로 시행착오를 줄이고, 중요한 순간에 더 나은 판단을 할 수 있는 지혜를 얻을 수 있습니다.

결국 성공을 위한 경험은 무작정 많이 한다고 좋은 것이 아니라, 전략적으로 설계된 경험이 되어야만 합니다. 직접 경험과 간접 경험은 상호 보완적이며, 특히 자원이 제한된 환경에서는 간접 경험이 필수적인 선택입니다. 독서로 사고의 깊이를 키우고, 조언을 통해 실패 확률을 줄이며, 이미지 트레이닝으로 실제 상

행복 알고리즘

황에 대비하는 사람은 짧은 시간 안에 더 넓은 경험의 세계를 가질 수 있습니다.

시간은 누구에게나 공평하지만, 경험의 방식은 개인의 선택입니다. 직접 부딪히는 용기와 함께, 지혜롭게 간접 경험을 설계하는 사람만이 제한된 조건 속에서도 자신만의 길을 가장 효과적으로 열어갈 수 있습니다. 결국 성공은 '얼마나 많이 경험했는가'가 아니라, 시도와 시도 사이에서 '어떻게 경험을 설계했는가'에 달려 있습니다.

경험은 무의식의 경험보다 의식적인 경험이 행복 방정식의 신뢰성을 향상시키는 데 도움이 됩니다.

밀도 있는 결과값의
신뢰성

통계학에는 통계적 추론의 신뢰성을 설명한 중심극한정리(Central Limit Teorem)가 있습니다. 내용을 간단히 소개하자면, 모집단 수가 최소 30개 이상일 때 정규성을 가정해 통계적 추론이 가능함을 주장하는 이론입니다. 즉, 어떤 현상에 대해 신뢰할 수 있는 결론을 내리기 위해서는 단순히 2~3회 경험이 아니라 최소한 30회의 반복된 경험이 필요하다는 뜻입니다.

저는 우리 삶에도 이 원리를 적용할 수 있다고 생각합니다. 앞서 이야기했듯, 한두 번의 시도나 경험으로 인생 방향을 결정하거나 확신을 갖는 것은 위험합니다. 사람은 감정적이고 제한된 시야를 가지고 있으며, 우연과 편향의 영향을 받습니다. 따라서 더 나은 인생으로 가는 선택과 판단을 위해서는 충분한 수의 반복된 경험, 즉 삶의 중심극한정리가 필요합니다.

하지만 현실은 모든 상황을 직접적이든 간접적이든 30회 이상 반복해서 경험하기란 어려움을 말하면서, 시도와 시도 사이의 경험 설계를 제안합니다. 우리는 어떻게 제한된 자원 안에서 통계적으로 신뢰할 수 있는 삶의 판단을 할 수 있을까요? 그 해답은 바로 간접 경험과 직접 경험의 조화로운 융합입니다.

직접 경험은 가장 강력한 학습 방식임이 자명합니다. 실패의 고통, 성공의 기쁨, 좌절과 재기의 기억은 삶의 본질을 몸으로 깨닫게 해줍니다. 직접 시도는 우리의 신념과 가치관을 형성하는 데 핵심적인 영향을 미칩니다. 그러나 실패 시의 대가와 손실이 큽니다.

따라서 이때 필요한 것이 바로 간접 경험의 지혜로운 활용입니다. 책, 영화, 인터뷰, 멘토링, 시뮬레이션, 역사 탐구, 관찰과 기록 등은 모두 타인의 삶을 우리 것으로 전이시킬 수 있는 도구입니다. 우리는 전쟁을 겪지 않아도 역사책을 통해 인간의 어리석음을 알 수 있고, 사업에 실패하지 않아도 창업자의 회고를 통해 실수를 예방할 수 있습니다. 독서를 통해 천재의 사고방식을 배우고, 다큐멘터리를 통해 수십 년의 연구 성과를 몇 시간 만에 압축 경험할 수 있습니다.

간접 경험은 빠르고 저렴하며 위험이 거의 없습니다. 그리고 무엇보다 직접 경험으로 얻기 어려운 수많은 표본들을 모아 통계적 신뢰성을 확보하게 해줍니다. 한두 번의 직접 경험에 수십 번의 간접 경험이 더해지면, 인간은 마치 30회 체험을 한 것과 같은 통계적 감각과 판단력을 가질 수 있습니다. 이 점에서 간접 경험은 '경험의 모수'를 확장시키는 가장 유용한 방법입니다.

여기서 중요한 질문은 '몇 번의 직접 경험이 필요하며, 이를 간접 경험과 어떻게 조화시킬 것인가?'입니다. 경험의 통계적 신뢰성을 위해 단순히 '수'를 채우는 것보다, 경험의 질을 어떻게 밀도 있게 증대시키느냐가 핵심입니다. 가령 한 가지 문제를 세 번 정도 직접 시도해본 뒤, 그에 대한 반성과 분석을 통해 내 경험을 구조화합니다. 그 한 번의 시도와 시도 사이에 비슷한 상황에 대한 타인의 경험 사례를 열 번씩 읽거나 듣습니다. 이렇게 하면 단 세 번의 경험만으로도 30개의 경험에 가까운 '정신적 데이터셋'을 구축할 수 있습니다.

예를 들어, 연애 문제를 겪은 한 사람이 자신의 감정을 성찰하고, 관련 도서를 읽고, 다른 사람 이야기를 듣고, 상담을 통해 통찰을 얻는다면, 그는 같은 실수를 반복할 가능성이 현저히 줄어듭니다. 바로 이러한 직간접 경험 결합 전략이 '삶의 중심극한정리'를 구현하는 현실적인 방식이라고 생각합니다.

통계학의 중심극한정리를 대입하지 않아도, 대부분 사람들은 이미 삶에 적용하고 있습니다. 그럼에도 불구하고 삶의 판단에 통계적 감각이 필요한 이유는 삶은 확률의 연속이기 때문입니다. 어떤 선택을 할지, 누구를 만날지, 어떤 분야에 투자할지 등 모든 결정은 불확실성을 안고 있습니다. 인간은 한계적 존재로서 무한한 정보를 수집할 수 없기에 반드시 표본에 근거한 결정을 해야만 합니다. 여기서 중심극한정리의 원리를 통해 말하고자 하는 바는 충분한 표본과 그에 대한 분석이 있을 때 비로소 신뢰할 수 있는 판단이 가능하다는 점입니다.

반대로 충분한 표본과 그에 대한 분석이 없다면, 실패로 끝남을 두려워하기보다 성공을 위한 또 한 번의 시도로 봐야 한다고 생각합니다. 하지만 우리는 감정에 휘둘리고, 극단적인 사례에 매몰되며, 확증편향에 갇히기 쉽습니다. 그래서 더욱 경험의 폭과 질이 중요합니다. 충분한 수의 사례, 다양한 각도의 경험, 실패와 성공의 양쪽 데이터를 고르게 접하는 사람은 '삶의 정규분포'를 체화하며 더 균형 잡힌 결정을 할 수 있습니다.

이와 같은 생각을 기반으로 한다면, 삶을 통계적으로 설계할 수 있습니다. 어느 경험이 가치 있고 어느 선택이 더 나은지를 판단할 때 우리는 정량적이지 않지만 통계학의 원리를 무의식적으로 따르고 있습니다. 그렇다면 무의식적이고 정성적인 통계학의 적용을 의식적이고 정량적으로 삶에 적용하는 것은 어떨까요?

'지금의 선택이 충분한 경험을 반영하고 있는가?', '내가 확신하는 이 신념은 표본이 몇 개인가?', '단편적인 경험으로 전체를 일반화하는 건 아닌가?' 이 질문을 통해 우리는 자기 삶을 돌아보고, 더 넓은 시야에서 현명한 선택을 할 수 있습니다. 경험은 단지 횟수가 아니라, 그 안에 담긴 통찰과 연결성입니다. 그리고 그 통찰은 다양한 방식의 경험 축적을 통해 얻어집니다. 이런 일련의 행동을 반복하는 것은 결국 '성공'과 '후회 없는 선택'으로 이어지는 길이 됩니다.

**행복 방정식 신뢰성의 핵심은 결국 양입니다. 부지런함과 끈
기가 기본입니다.**

9장

행복을 찾아 과거와 미래로

과거로의 여행은
기록 찾기

행복을 느끼는 감정의 시간은 어디에 있는 게 좋을까요? 선인들의 의견을 찾아보면, 행복은 현재 혹은 가까운 미래에 있어야 좋다고들 합니다. 같은 행복일지라도 행복이 과거에 존재하면 현재에 만족스러워하지 못할 것이며, 너무 먼 미래에 있다면 현재를 버티기에 어렵다고들 합니다. 행복을 누리는 시간만 다를 뿐인데, 왜 이런 차이가 발생하는지 궁금해 시간이라는 개념에 대해 고민해보았습니다.

시간은 과거(Past), 현재(Present), 미래(Future)로 구분됩니다. 모든 존재는 현재라는 시간 안에서만 존재하면서, 의도와는 별개로 매 순간 미래라는 시간으로부터 과거의 시간으로 보내지고 있습니다.[34] 우선 미래에서 현재로 오는 시간에 어떤 일이 담겨 올지 알 수 없음에 불안을 느끼게 됩니다. 그렇게 불안을 안고 현재로 맞이하는 순간은 순식간에 다시는 돌이킬 수 없는 과거로 지나가 버리니 언제나 후회로 남게 됩니다. 특히, 지구상 유일한 지성체인 인간의 생명은 100여 년이 안 되는 시간으로 유한하기에, 현재라는 시간에 더 매달리게 되거나 그 현재가 영원하길 갈망하면서, 오랜 기간 동안 존재와 시간에 대한 관계를 고민해왔다고 생각합니다.

저 역시도 약 30여 년 전 여느 청소년들과 같이 사춘기를 맞이하면서 죽음에 대한 불안을 크게 느꼈습니다. 그리고 죽음의 두려움을 앎으로써 피할 수 있으리라 생각했습니다. 21세기에 접어들며 보급된 인터넷으로 정보를 쉽게 찾아볼 수 있게 되었지만, 사춘기를 맞은 당시에는 주위 어른들에게 물어보거나 도서관에 비치된 도서를 보는 방법이 유일했습니다. 사춘기의 저는 주위 어른들에게 물어보는 방법 대신 집에서 조금 떨어진 자그마한 도서관을 찾았습니다.

사람은 왜 죽으며 죽고 나면 어떻게 되는지 궁금했기에 먼저 철학과 종교를 다룬 도서를 찾아보았습니다. 다양한 종류의 종교와 철학에 따라 죽음을 바라보는 관점과 해석이 달랐습니다. 심지어 동일한 종교와 철학을 해석함에도 관점과 해석이 달랐습니다. 종교와 철학뿐만 아니라 도서관의 모든 도서가 제각각의 의견을 저에게 설명하고 설득했습니다.

이처럼 철학과 종교, 심리학(자기계발서), 역사, 자연과학, 기술과학 도서가 정리된 책장을 지나오면서 하나의 주제를 가지고 작게는 100페이지부터 많게는 500페이지 분량을 한 권 이상씩 집필한 각각의 책들이 다른 관점과 고찰로 적혀 있는 게 놀라웠습니다. 더 놀라운 사실은 그 많은 관점과 고찰들이 십진분류법[84]으로 분류되어, 한 책장 안에 같은 분류로 구분된 비슷한 책들이 빼곡히 꽂혀 있던 것입니다.

누구나 할 법한 평이한 질문부터 엉뚱한 질문에 대한 답을 찾아보려 도서관에 들어가면 제가 태어나기도 전에 어딘가에서 살았던 누군가가 이미 충분히 고민하고 친절하게 정리까지 해놓은 도서들이 존재했습니다. 스스로 고민하여 답을 찾아가는 과정도 즐거웠지만, 이 세상에 나와 같은 질문을 해본 얼굴도 모르는 동지의 존재와 생각들의 비교도 꽤 즐거웠습니다. 저의 경험으로 미루어 짐작건대, 지역 및 시대처럼 환경이 달라도 사람들이 하는 고민은 유사한가 봅니다.

분명 인류 문명은 지식의 누적으로 발달하고 있습니다. 하지만 문명 발달과 별개로 저와 같은 사람들은 새로 태어나면서부터 발달한 문명 지식을 가지고 태어나지 않습니다. 그렇기에 일정 기간 동안 가정의 테두리 안에서 기본 소양을 익히고, 사회로 나가 더 나은 삶을 만들고, 본인이 다시 새로운 생명을 탄생시키고, 죽음에 이르는 일련의 인생은 기간만 다를 뿐 동일한 패턴을 반

---

[84] 한국도서관협회 분류위원회에서 제정하는 대한민국의 대표적인 도서분류체계이다. 모든 지식 분야를 총류(0), 철학(1), 종교(2), 사회과학(3), 자연과학(4), 기술과학(5), 예술(6), 언어(7), 문학(8), 역사(9)와 같이 10개의 주류로 1차적으로 구분한 다음, 각 주류를 다시 10개로 구분한다.

복하고 있습니다. 또한, 일반 사람들은 생로병사와 108번뇌로부터 벗어나고 싶어하며 보편적인 행복을 추구합니다.

이렇듯 비슷한 인생 패턴과 보편화된 행복 추구는 결국 비슷한 시기에 비슷한 질문을 하게 만듭니다. 따라서 우리들이 하고 있는 대부분의 고민은 이미 누군가 했을 가능성이 매우 높습니다. 현재까지 누적된 기록도 어마어마하지만, 현재까지 지속적으로 늘어온 인구수와 비례하여 생겨나는 기록과 앞으로 생겨날 기록들은 굳이 가늠해보지 않아도 엄청난 것임을 알 수 있습니다.

근래까지 컴퓨터와 인터넷이란 기술을 기반으로 방대한 기록들을 살피며 답변을 찾아볼 수 있었지만, 해당 기술이 발달하기 이전과 같이 모든 기록들을 열람하기에는 분명 한계가 있었습니다. 하지만 최근에는 인공지능 기술에 기반하여 원하는 답변만 간결하게 받을 수 있게 되었을 뿐더러 질문에 대한 답변의 적중률 또한 향상되고 있습니다. 즉 질문에 대한 답을 찾기 위해 시간이 필요했던 시기에는 정보를 많이 보고 정리하는 능력이 필요했지만, 답을 찾기 위한 시간이 현저히 줄어든 현재는 답을 찾기 위한 질문의 통찰력이 더욱 중요해졌다고 생각합니다.

수립한 행복 방정식은 과거의 경험으로 검증이 가능합니다. 과거의 행적을 따라오다 보면 현재를 알 수 있습니다.

미래로의 여행은
과거와 현재의 연장선

과거로부터 현재로 이어진 시간은 한순간의 쉼 없이 바로 미래로 이어져 있습니다. 시간의 논리대로라면 미래에 일어날 일 역시 과거에 일어난 일을 토대로 일어날 것이 분명합니다. 하지만 앞서 말한 바와 같이 과거에 일어난 일들은 수없이 많으며 어떤 일이 더 큰 영향력을 발휘하며 결과에 관계될지 모르기에 결국 미래는 알 수 없는 시간이 되어버립니다.

따라서 인간은 본질적으로 불확실한 미래에 불안을 느끼며 살아갑니다. '내일은 어떤 일이 일어날까?', '지금의 선택은 과연 옳은가?', '미래의 나는 어떤 삶을 살게 될까?'와 같은 질문은 시대와 문화를 초월해 모든 인간이 품는 공통된 의문입니다. 이러한 불안은 단순한 감정에 그치지 않고, 인류로 하여금 미래를 예측하고 통제하려는 다양한 시도를 하도록 만들었습니다.

역사적으로 살펴보면 인간은 미래를 예측하기 위해 수많은 방법을 개발해왔습니다. 이 방법들은 그 다양성에도 불구하고 크게 두 가지 접근 방식으로 나눌 수 있습니다. 하나는 인간의 인지 능력을 넘는 초월적 존재의 힘을 빌리는 방식, 또 하나는 현실 세계의 데이터를 기반으로 최대한 많은 정보를 분석하여 예측하는 방식입니다.

먼저 살펴볼 방식은 인간의 능력으로는 알 수 없는 미래를 초월적 존재나 힘에 기대어 예측하려는 방식입니다. 이 접근은 고대부터 현대에 이르기까지 다양한 형태로 존재해왔습니다. 대표적인 예시로는 점성술, 사주팔자, 무속신앙, 타로 카드 및 룬 문자 등이 있습니다. 이러한 방식들은 논리적 설명이나 과학적 증명과는 다소 거리가 있지만, 인간의 정서적 욕구를 충족시키는 데에는 큰 역할을 해왔습니다. 특히 예측 자체보다는 심리적 위로, 확신, 정체성 확인 등의 기능을 수행하며, 사람들에게 결정의 용기나 마음의 안정을 제공해줍니다.

하지만 초월적 접근에는 같은 정보라도 해석하는 사람에 따라 결과가 다르게 나올 수 있기에 객관적 신뢰성이 낮습니다. 또한 동일한 조건에서도 예측 결과를 반복해 도출하기 어렵기에 재현성도 낮습니다. 따라서 미래에 대한 예측이 사실과 일치하는지를 사전에 확인하거나 실험적으로 검증할 수 없으며, 사람이 듣고 싶은 정보만 선택적으로 받아들이는 경향이 강해져 판단이 왜곡될 가능성이 매우 높습니다. 즉 이러한 방식은 위안을 주는 도구로는 유효할 수 있으나, 실제로 중요한 결정을 내리기 위한 근거로는 신뢰성이 떨어질 수밖에 없습니다.

두 번째 방식은 현실 세계에서 관찰 가능한 수많은 정보를 수집하고, 이를 분석하여 패턴을 파악한 후 미래를 예측하는 방식입니다. 이 접근은 철저히 인간의 이성과 논리에 기반하며, 과학적 원칙에 따라 미래를 추정하는 방식으로 통계 분석, 수학적 모델링, 인공지능 학습, 시나리오 플래닝 및 몬테카를로 시뮬레이션[85] 등이 있습니다.

이러한 과학적인 방식은 같은 데이터와 알고리즘을 사용하면 누구든 동일한 결과를 도출할 수 있어 예측에 대한 신뢰도가 높습니다. 또한 더 많은 데이터가 축적될수록 예측 모델은 지속적으로 개선되어 정확도가 높아집니다. 따라서 데이터 기반 판단은 의사결정의 논리적 근거가 되며, 결과에 대한 책임과 설명 가능성(Explainability)을 제공합니다. 즉, 정보 기반 방식은 인간의 인지적 한계를 넘어서서 통계적 사고와 과학적 도구를 활용하여 보다 현실적인 미래를 설계할 수 있게 해줍니다.

미래의 불안감을 낮추기 위한 초월적 접근과 정보 기반 접근은 서로 상반된 방식처럼 보이지만, 실은 목적이 다르다고도 볼 수 있습니다. 초월적 접근은 심리적 안정과 자기확신을 제공하는 데 강점을 가지며, 정보 기반 접근은 실제로 실천 가능한 미래를

---

85   여러 조건과 변수를 조합해 다양한 가능성을 시뮬레이션하며, 리스크를 정량적으로 분석한다.

행복 알고리즘

준비하고 계획하는 데 효과적입니다. 그러나 실제 삶에서 중요한 결정을 내릴 때, 예를 들어 진로를 바꾸거나 큰돈을 투자하거나 중요한 관계를 시작할 때에는 단지 마음의 위안만으로는 부족합니다. 그 결정이 현실적으로 어떤 결과를 낳을지, 가능한 시나리오는 무엇인지, 어느 쪽 확률이 더 높은지를 판단할 수 있는 분석 능력이 요구됩니다. 이러한 판단은 결국 객관적 데이터와 논리적 추론, 그리고 재현 가능한 예측 도구를 기반으로 해야 신뢰성을 확보할 수 있습니다. 초월적 방식이 '왜 위안이 되는가'를 설명하는 것은 가능하지만, '무엇이 진짜 맞는 선택인가'를 판단하는 데에는 한계가 있기 때문입니다.

인간은 미래를 예측할 수 없기에 불안을 느끼고, 그 불안을 해소하기 위해 다양한 도구를 사용해왔습니다. 하지만 우리가 바라는 것은 단순한 위안이 아니라, 더 나은 삶, 더 나은 선택, 더 나은 결과일 것입니다. 그렇기에 우리는 더 신뢰할 수 있는 방식, 즉 정보 기반의 과학적 접근을 통해 미래를 준비해야 합니다.

이런 관점에서 보면 미래 예측이란 '운명을 점치는 일'이 아니라, 미래를 스스로 만들어가기 위한 준비 과정입니다. 이를 위해 필요한 것은 초월적인 해석이 아니라, 합리적 사고, 경험의 축적, 데이터 해석, 그리고 실행에 옮기는 용기입니다.

심리적 안정은 때로 필요하고, 위안의 도구는 삶의 긴장을 완화시켜줄 수 있습니다. 하지만 인생에서 정말 중요한 순간을 준비할 때, 우리가 기댈 수 있는 것은 결국 이성과 정보, 그리고 스스로의 판단력입니다. 그 판단이 흔들리지 않으려면 우리는 끊임없이 배우고, 관찰하고, 사고하며, 과학적인 태도를 유지해야 합니다. 미래는 주어지는 것이 아니라 만들어가는 것입니다. 그리고 그 시작은 사실과 논리 위에 선 선택에서 비롯됩니다.

검증된 행복 방정식은 미래를 맞힐 수 있습니다. 과거로부터 현재를 지나는 방향에 미래가 있습니다.

행복 알고리즘

오늘
터닝 포인트 찍기

행복은 인류 문명이 시작되기 훨씬 이전부터 인간의 마음속에서 자라온 질문입니다. 불을 피우던 원시 시대의 인간부터 오늘을 살아가는 현대인에 이르기까지 "나는 지금 행복한가?", "어떻게 하면 더 행복해질 수 있을까?"라는 고민은 늘 삶의 한가운데에 있었습니다. 그러나 수천 년이 지나도록, 우리는 아직도 확실하게 행복을 보장하는 '방법'이나 '공식'을 만들어내지 못했습니다.

이는 단지 인간이 게으르거나 부족해서가 아닐 겁니다. 오히려 행복이란 개념 자체가 고정되어 있지 않기 때문이라 생각합니다. 개인마다, 시대마다, 문화마다 행복을 이루는 조건은 달라졌고, 앞으로도 계속 변하고 있습니다. 그렇기에 어떤 이론이나 철학도 '모든 사람에게 해당되는 절대 행복의 방정식'을 제시하기란 불가능에 가까운 일입니다. 그럼에도 불구하고 인류는 포기하지 않고 계속 시도하고 있습니다. 포기하지 않아도 되는 이유는 완벽한 방정식은 없을지라도 예측 가능한 '틀'은 존재하기 때문입니다.

우리는 흔히 수학에서 방정식을 배우며 일정한 규칙 안에서 변수와 해를 구합니다. 예를 들어, $f(x) = 2x+1$이라는 선형 함수는, x가 무엇이든 일정한 규칙에 따라 $f(x)$의 값이 결정됩니다. 변수 x가 바뀌면 결과도 달라지지만, 그 규칙은 변하지 않습니다. 하지만 행복은 이와 다릅니다. 행복이라는 함수에서 변수는 단순한 x 하나가 아닙니다. 신체적 건강, 감정의 흐름, 사회적 관계, 경제적 안정, 삶의 의미, 주변 환경, 심지어는 날씨와 수면 시간까지도 변수로 작용할 수 있습니다. 그리고 이 변수들은 단지 값만 바뀌는 것이 아니라, 함수의 구조 자체를 바꿔버리는 힘을 가집니다. 예를 들어 어떤 사람에게는 '성공'이 행복의 핵심 변수였지만, 심각한 병을 겪고 난 이후에는 '건강'이 가장 중요한 변수로 바뀌는 경우도 있습니다. 또 어떤 사람에게는 '사랑'이 최우선이었지만, 상실의 고통 이후 '자기 돌봄'이 우선순위가 되기도 합니다. 즉, 행복의 방정식은 환경과 경험에 따라 끊임없이 구조가 바뀌는 '동적(Dynamic) 방정식'입니다.

그렇다면 이 끊임없이 변하는 행복 방정식에서 우리가 주목해야 할 지점은 어디일까요? 저는 삶의 함수 구조에서 주요 변수가 바뀌는 시점, 또는 변수 간의 관계가 새롭게 설정되는 지점의 개념이 바로 변수의 터닝 포인트(Turning Point)가 아닐까 생각합니다.

어떤 이에게 터닝 포인트는 이직일 수 있고, 어떤 이에게는 이별이나 결혼일 수 있습니다. 혹은 더 작고 일상적인 사건, 예컨대 책 한 권을 읽은 날, 어떤 말 한마디를 들은 날, 혼자 여행을 떠난 날이 터닝 포인트가 되기도 합니다.

이 터닝 포인트는 종종 우연처럼 찾아오지만, 사실은 그것을 받아들이는 '결정'이 있어야만 비로소 전환이 완성됩니다. 즉, 변화는 외부에서 오더라도 전환은 내 안에서 스스로 선택하는 것입니다. 그리고 이 전환의 결정이 오늘 내게 주어진 하나의 선택지로부터 시작될 수 있습니다.

많은 사람들은 '중대한 변화'가 일어나야만 인생이 바뀐다고 생각합니다. 하지만 진실은 그 반대입니다. 매우 사소한 결정이 인생의 흐름 전체를 바꾸는 시발점이 될 수 있습니다. 예를 들어, 오늘 퇴근길에 운동을 하기로 한 선택이 건강 중심의 인생으로 바뀌는 첫걸음이 될 수 있고, 오늘 누군가에게 진심 어린 말을 건네는 것이 관계 회복의 시작점이 될 수도 있습니다. 오늘 미뤘던 계획을 실행에 옮기면, 그것이 결국 꿈을 실현하는 열쇠가 될 수 있습니다. 이처럼 인생의 터닝 포인트는 꼭 거창하거나 위대한 순간에만 발생하지 않습니다. 오히려 아무도 주목하지 않는 '오늘의 결정' 속에 숨어 있습니다.

정적인 방정식에 집착하는 사람은 환경이 바뀌어도 예전 방식대로 문제를 풀려고 하다가 좌절합니다. 반면, 행복이 동적인 방정식임을 인정하고 변수의 중요도를 재조정하며 살아가는 사람은 변화 속에서 유연하게 방향을 잡습니다. 이들이 바로 터닝 포인트를 '기회'로 전환하는 사람들입니다.

행복한 인생이란 완벽한 공식을 한 번 구해서 그대로 적용하는 것이 아니라, 매 순간 자신만의 함수 구조를 재설계해나가는 과정입니다. 그리고 그 과정은 반드시 어떤 작은 결정을 통해 시작됩니다. 오늘이라는 시간 속에서 내가 내리는 판단 하나, 행동 하나가 방정식 변수에 영향을 미치고, 결국 결과 전체를 바꿉니다.

많은 사람들이 과거에 대한 후회와 미래에 대한 걱정 속에서 현재의 결정을 미루곤 합니다. 하지만 행복은 언제나 '지금 여기'에서 시작됩니다. 오늘의 결정이 바로 내일의 방정식을 결정하는 변수입니다. "오늘은 별거 없는 하루야"라고 생각할 수도 있지만, 사실 그 하루가 인생의 흐름을 완전히 바꿔놓는 터닝 포인트가 될 수 있습니다. 행복한 삶을 산다는 것은, 매일의 작고 반복되는 결정들을 쌓아 스스로의 인생 방정식을 '갱신'해가는 작업이며, 거기엔 수학처럼 정확한 해답은 없지만 '방향'을 바꿀 수 있는 힘은 분명히 존재합니다.

행복은 완성된 상태가 아닌, 매일 다시 써내려가는 적응형 방정식입니다. 그리고 그 방정식의 키는 내일도 아니고 과거도 아닌 '오늘의 결정' 속에 있습니다. 지금 이 순간, 내 인생의 방정식에서 어떤 변수를 새롭게 정의할지, 그리고 어떤 변수를 과감히 삭제할지를 선택하세요. 그 결정이 오늘의 터닝 포인트가 되어

내일의 행복을 여는 첫 문장이 될 것입니다.

미래는 당신이 오늘 하는 일에 달려 있습니다.

행복 재료 준비하기

1. 나를 행복하게 하는 요소 리스트 작성

나를 행복하게 만드는 요소 열 가지를 자유롭게 적어보세요. (충분한 휴식, 독서, 여행, 친구와의 만남 등)

2. 행복의 강도 평가

각각의 행복 요소가 나에게 주는 감정적 만족감을 1~10점으로 평가하고 중요도를 파악해보세요.

3. 행복 방정식 재료 구체화

평가한 행복 요소 중 최고점을 받은 요소 세 개를 골라, 실생활에서 자주 실천 가능한 형태로 구체화하세요.

PART 4

공학으로 푸는 행복 방정식

10장

나의
행복 밥정식

나에게 세상에서
가장 소중한 단 한 가지

행복 방정식을 만들어보기 위해 행복감을 주는 요인들을 찾아보았습니다. 그리고 일련의 시스템을 만들기 위해 어려운 수학과 공학 분야를 알아보았습니다. 방정식을 만들 준비는 이제 거의 다 되었습니다. 다만, 찾은 요인들을 전부 다루기 어렵거니와 그것이 나의 행복에 어느 정도 영향력이 있는지 알기 어렵습니다. 따라서 찾은 요인들 중에서 중요한 몇 가지 요인들만 선택하는 작업이 필요합니다. 이때 스스로에게 해야 할 질문이 '나에게 세상에서 가장 소중한 단 한 가지를 고른다면, 무엇입니까?'입니다. 가장 소중한 단 한 가지라고 했기에 정말 단 하나만 선택해보는 것이 우선입니다.

하나를 정하기 어렵다면, 선택이 어려운 요인들을 대상으로 다시 질문해봅시다. '상황이 매우 안 좋아졌기 때문에 선택한 요인을 포기해야만 한다면, 나는 이 요인을 포기할 수 있을까?' 좋지 않은 상황을 더 극한으로 몰아가다 보면, 마지막에 남는 요인이 분명 있을 것입니다. 그 요인이 나에게 세상에서 가장 소중한 행복 요인이라고 생각해도 무방할 것입니다. 소중한 요인을 정하고 난 뒤에는 그 요인을 위해 필요한 다른 요인을 다시금 생각해봐야 합니다. 행복의 요인을 찾을 때와 동일한 방법입니다. 그렇게 몇 번만 소중한 요인들에서부터 소중한 요인들로 이어가다 보면, 몇 개의 요인들로 추려집니다.

그렇게 찾은 요인들은 행복 방정식을 만들 때 사용할 주요 요인이 됩니다. 행복 방정식으로 넘어가기 전에 하나 더 유념해야 할 사항이 있습니다. 그 요인들을 평가할 때 유무처럼 이산적으로 평가하고 판단하면 안 된다는 것입니다. 예를 들어, 우리는 행복에 대해 평가할 때 보통 '행복하다' 혹은 '행복하지 않다'처럼 행복의 유무로 판단합니다. 또한 행복의 요인들 중 돈의 경우는 분명 그 크기를 정량적으로 정할 수 있음에도 불구하고 단순히 다다익선으로 평가하는 경우도 많습니다. 앞서 공학적 관점으로 줄곧 설명해왔듯, 다루는 요인들은 연속성을 가진 정량적 수치여야 하며 동시에 단위를 고려해야만 합니다.

행복 알고리즘

다름과 틀림
〈Difference & Wrong〉

행복을 찾기 위해 많은 요인들을 살펴보았습니다. 하지만 여전히 정답을 찾기에는 많이 부족하고 어려울 듯합니다. 이쯤 되니 행복에 정답이 있는지 의심되기 시작합니다. 하지만 이제 넌지시 알 수 있는 한 가지가 있습니다. 공학적 행복에는 정답이 아닌 상황에 맞는 최적이 있다는 것입니다. 정답이 아닌 최적을 생각하면서 따라오는 개념이 '다름'과 '틀림'입니다.

다름과 틀림은 분명히 다르지만, 우리는 종종 이 둘을 혼동합니다. 특히 정답을 요구하는 분위기에서는 정답이 아닌 모든 답이 곧바로 틀림으로 분류되기 쉽습니다. 그러나 인생과 행복에는 단 하나의 정답이 존재하지 않습니다. 오히려 상황, 가치, 제약이 끊임없이 달라지기 때문에 서로 다른 선택과 해석이 공존하는 것이 자연스럽습니다. 그러므로 우리는 틀림을 서두르기보다 다름을 해석할 언어와 태도를 먼저 갖추어야 합니다.

공학의 관점으로 보아도 '정답 하나'는 특정 조건이 완벽히 고정될 때에만 성립합니다. 실제 세계의 문제는 다목적 최적화, 제약 상황에서의 최적점, 견고성 같은 개념으로 다뤄집니다. 성능을 올리면 비용이 올라가고, 속도를 높이면 안전 마진이 줄어들며, 편의성을 키우면 프라이버시가 약해질 수 있습니다. 이처럼 서로 충돌하는 목표 사이에서 더 이상 한쪽만 개선할 수 없는 지점의 집합이 파레토 경계입니다. 경계 위의 해들은 서로 다르지만, 틀리지 않다는 점에서 의미가 있습니다. 무엇을 고르느냐는 환경과 가치의 문제이며, 선택의 옳고 그름은 상황에 따라 달라집니다.

행복의 문제도 같습니다. 어떤 사람은 안정된 일상을 최고의 가치로 두고, 다른 사람은 도전과 성취에서 큰 만족을 얻습니다. 누구는 깊이를, 누구는 넓이를, 또 누구는 속도를 우선합니다. 동일한 공식이 모든 사람에게 동일한 결과를 보장한다면 세상은 놀라울 만큼 단순했을 것입니다. 그러나 우리의 신체 리듬, 사회적 관계, 경제적 여건, 성향과 기질은 다층적이며 시간에 따라 변합니다. 결국 행복은 고정된 답안지가 아니라, 자신만의 가중치와 제약을 반영해 매 순간 재계산해야 하는 개인화된 최적화 문제에 가깝습니다.

문제는 우리 사회가 정답이라는 단어로 안전과 합의를 보장해 왔다는 점입니다. 빠르게 성장하던 시기에는 표준화된 해법과 정렬된 행보가 효율적이었습니다. 하지만 변화가 상수가 된 오늘 환경에서 하나의 정답만을 강요하는 태도는 오히려 학습과 혁신을 방해합니다. 새로운 시도를 틀림으로 규정하는 순간, 우리는 데이터가 될 수 있었던 시도를 잃고, 더 나은 해로 이어질 경로 탐색을 스스로 차단합니다. 다름을 관찰하고 기록하며 검증하는 과정이 쌓일 때 비로소 '나에게 맞는 답'이 도출됩니다.

여기서 중요한 태도가 견고한 사고입니다. 완벽한 환경이 주어질 때만 작동하는 해법은 현실에서 쉽게 무너집니다. 다양한 조건과 노이즈 속에서도 성능이 크게 흔들리지 않는 해법이 좋은 설계이듯, 다양한 가치와 제약 속에서도 균형을 유지하는 생활 전략이 좋은 삶의 설계입니다. 누군가의 루틴을 그대로 복제하는 대신, 핵심 원리만 추출해 자신의 환경에 맞게 미세 조정하는 습관이 필요합니다. 평균을 맞추고 분산을 줄이는 마음가짐 혹은 목표는 유지하되 변동에 둔감한 일과 설계가 일상의 불확실성을 완충해줍니다.

또 하나의 오해는 소통에서 비롯됩니다. 지식의 생성은 개인 내부에서 일어나지만, 지식의 전달은 타인과의 상호작용 속에서 이루어집니다. 전달자와 수용자의 수준이 다르면 같은 내용도 다르게 해석됩니다. 우리는 종종 상대의 다름을 틀림으로 해석하고 갈등을 키웁니다. 반대로, 수준을 맞추기 위해 용어를 풀어 쓰고, 속도를 조절하고, 예시를 바꾸어보는 노력을 기울이면 다름은 정보가 되고, 정보는 더 나은 선택을 돕습니다. 결국 다름을 이해하는 능력은 행복을 향한 학습 속도와 전이 그리고 적용 효율을 동시에 높입니다.

실천의 장에서는 한 번에 큰 정답을 찾기보다 작게 빠르게 시도하고, 피드백으로 조정하는 방식이 효과적입니다. 목표를 분해해 핵심 지표(건강, 관계, 재정, 의미감 등)를 정하고, 주간 혹은 월간 단위로 실험합니다. 실험은 서로 다른 조합을 비교하게 해주고, 비교는 취향과 제약을 수치화하도록 이끕니다. 이런 과정에서 남의 선택이 틀림이 아니라 다름임을 자연스럽게 체득할 것입니다. 나의 파레토 경계는 다른 이들 경계와 다르고, 경계 위의 어느 점을 채택하느냐가 각자의 삶을 만듭니다.

다름을 존중하는 태도는 관계를 단단하게 만듭니다. 관계는 동일성으로 유지되기보다 차이의 관리로 유지됩니다. 서로 다른 리듬을 가진 두 사람이 함께 살려면, 한쪽의 정답을 다른 쪽에 강요하기보다 두 사람의 제약을 동시에 만족시키는 새로운 운영점을 찾아야 합니다. 때로는 한 주는 속도를, 다음 주는 여유를, 어떤 달은 재정을, 또 다른 달은 건강을 우선하는 식의 순환 최적화가 필요합니다. 그 과정이 바로 또 다른 조화로서, 예술이 새로운 균형을 만들어내듯 생활도 새로운 평형을 만들어갑니다.

결국 다름은 오류가 아니라 탐색의 자산입니다. 다름을 통해 선택지 지형이 더 넓게 드러나고, 넓어진 지형 위에서 나에게 맞는 최적점이 더 정확히 보입니다. 반대로 틀림이라는 낙인은 탐색을 멈추게 만들고, 멈춤은 배움을 중단시킵니다. 행복은 완결

된 해답이 아니라 다름을 품은 진행형의 계산입니다. 그러니 서로 다른 답을 서둘러 퇴출하기보다, 그 답이 서 있는 맥락과 가중치를 묻는 습관을 들이면 좋겠습니다. 질문이 바뀌면 경계가 달라지고, 경계가 달라지면 가능한 해의 집합도 달라집니다.

다름을 설계한다는 것은 나의 제약과 가치를 명시하고, 작은 실험으로 경계 위의 점들을 수집하며, 내일의 나에게 더 견고한 운영점을 인계하는 일입니다. 정답을 고집하는 사회에서 다름을 설계하는 개인은 때로 느리게 보일 수 있습니다. 그러나 그 사람들은 흔들림 속에서도 방향을 잃지 않으며, 결국 자신에게 맞는 속도로 가장 멀리 갑니다. 그것이 공학적 관점에서 본 행복의 길, 그리고 다름이 만들어내는 가장 설득력 있는 증거라고 믿습니다.

방정식
만들기

사람마다 행복을 다루는 데 주요하게 생각하는 요인은 제각각입니다. 따라서 주요 요인을 얼마나 많이 혹은 적게 투입해야 하는지, 혹은 적합한 수치가 필요한지를 알아보고자 함이 방정식을 만드는 과정입니다. 어느 요인이든 상관없습니다만, 앎 혹은 깨달음이 즐거움이며 행복인 경우를 공학적으로 생각해보겠습니다. 단순하게 무엇인가 한 가지 알게 되거나 깨달음을 한번 겪음에 따라 행복할 수도 있습니다. 하지만 질은 전혀 고려되지 않은 앎과 깨달음이라면 지식의 수준을 올리기에는 어렵습니다. 항상 일정 수준 이상을 넘지 못할 가능성이 높습니다. 그렇다면, 앎과 깨달음에 수준을 명시할 단위가 필요합니다. 당연히 물리적 단위와 같은 절대적 수치를 갖기는 어렵습니다. 하지만 다른 분야의 단위를 차용하거나 상대적인 지표(Index)는 만들 수 있습니다.

앎의 경우는 정보를 이해하고 기억하며 재구성할 수 있는 상태를 말합니다. 따라서 앎은 기억하는 정보 자체와 해당 정보를 토대로 하는 해석 결과로 구성된다고 볼 수 있습니다. 즉, 해당 정보량은 컴퓨터에 저장하는 byte와 같은 단위를 차용할 수 있습니다. 혹은, 앎을 평가하는 데 정보 자체의 기억력은 재현 혹은 회상 정확도를 이용할 수 있습니다. 이때 시험 평가 점수와 같이 사실 대비 기억 정도를 백분위 단위인 % 혹은 점수인 점으로도 평가할 수 있습니다.

깨달음은 앎으로 알고 있는 정보와 해석을 토대로 행동적 판단까지 도출할 수 있는 상태를 일컫습니다. 예를 들어, 기온이 40도 이상이면 외부 활동하기 위험한 기온임을 알고 있는 것은 앎입니다. 여기에 체력이 약한 노인이 활동하려 한다면, 활동을 자제시키거나 도움을 줘야 한다란 실질적 지침까지 도출됨이 깨달음입니다. 즉, 깨달음의 단위는 해당 앎으로서 파생되는 행동 지침의 개수가 단위가 될 수 있다고 생각합니다.

앎과 깨달음의 질 외에도 앎과 깨달음을 도출함에 대한 효율과 기억하고 행동함으로써 얻게 될 효율 둘 다 고려 대상입니다. 먼저 앎과 깨달음을 얻기까지 비교적 짧은 시간에 많은 정보를 기억하고 행동 지침을 도출하는 단위는 이동하는 물체의 속력과 같은 /sec.를 사용할 수 있습니다. 앎의 경우는 byte/sec.로, 깨달음의 경우는 개/sec.로 표기됩니다. 앎과 깨달음을 머릿속에서만이 아닌 행동으로 표출하는 데에도 역시 빠른 결단과 실행이 필요합니다. 마찬가지로 시간이 관건이므로 /sec. 단위를 사용하면 이번에는 물체의 가속력과 같은 단위인 byte/sec.^{2}와 개/sec.^{2}가 됩니다. 도출한 해당 단위로 앎과 깨달음의 가속도와 속도와 양이 인생에 어떤 영향을 끼치는지 되짚어보겠습니다.

새로운 지식을 습득하기 위해 내용을 파악하고 행동으로 옮기는 데 일정한 시간이 걸리는 사람은 단순히 정보를 이해하는 속도가 점점 증가하게 됩니다. 이러한 경험은 굳이 공학적 해석이 아니어도 이미 경험적으로 알고 있는 삶의 지혜입니다. 한두 개의 앎과 깨달음을 추구하고 얻었을 때보다, 일정 수 이상의 경험이 누적되면 이해에 속도가 붙어 더 빠르게 이해할 수 있습니다. 같은 시간을 투입하더라도 그동안 누적시킨 시간은 앎과 깨달음의 크기를 더욱 크게 만듭니다.

앎과 깨달음 외에도 경험에 관련한 요인들은 속도와 가속도처럼 누적된 시간에 따라 가속되는 경우가 많습니다. 건강에 관련한 근육은 근육세포가 증가함에 따라 운동량이 증가하며, 근육세포가 받는 자극의 양이 덩달아 증가하며 가속됩니다. 경제적 요인의 대표인 돈의 경우는 이자라는 사회 시스템이 백분율 단위인 %로 정해져 있기에 같은 이자 2%라도 100만 원의 원금과 100억 원의 이자 비용이 2만 원과 2억 원으로 차이가 발생합니다.

물리 단위인 속도에 질량체가 붙으면 힘의 단위인 뉴턴(N, Newton)이 됩니다. 단위를 풀어 쓰면 kg·m/sec.^{2}입니다. 다시 앎과 깨달음으로 돌아와서 힘의 물리 단위인 질량체가 될 만한 개념을 고민해보았습니다. 물리학에서 사용하는 kg 단위는 질량 단위로 부피도 함께 가진 물체를 의미합니다. 실제 앎과 깨달음은 실체가 없는 개념이지만, 프로젝트의 성공 혹은 제품으로 실체화되기도 합니다. 즉, 앎과 깨달음으로 만들어낸 성공 혹은 제품은 한 사람의 인생의 힘으로 간주할 수도 있습니다. 이렇게 도출한 힘에 대해서 다시 한번 물리적 의미를 짚어보겠습니다. 물리에서 힘은 일정 질량을 가진 물체를 가속시키는 힘입니다. 물리적 해석 그대로 인생의 힘에 대응시킨다면, 성공 혹은 제품화시켰던 힘은 다른 앎과 깨달음을 가속시키는 동력원이 될 수 있음으로 이해할 수 있습니다.

물리학의 단위 확장을 한 번 더 하겠습니다. 질량체 가속의 동력원인 힘을 지속적으로 발생시키며 일정 거리만큼 이동시키면 일을 했다고 합니다. 단위는 J(Joule)를 사용하며, 세부 단위는 N·m입니다. 저는 물체를 이동한 거리의 단위 대신 앎과 깨달음의 타인 영향력을 고려해보았습니다. 단위는 명이 됩니다. 그럼 한 사람이 혼자 알아보고 깨달은 정보를 토대로 타인에게도 영향력을 끼치는 행위를 일을 했다고도 해석할 수 있습니다. 공교롭게도 우리가 살아가면서 하는 일과 같은 의미입니다.

즉, 단순하게 새로운 정보를 알고 깨닫는 것이 행복이라고 생각하고 시작했지만, 실제로는 일의 진정한 의미까지 고찰할 수 있었습니다. 앎과 깨달음이 일이 되기까지 일련의 과정이 공학을 사용한 결과입니다. 이런 식으로 건강, 경제, 관계, 스트레스 등과 같은 각자의 요인을 생각해봅시다.

행복은 단일한 상태도, 고정된 목표도 아닙니다. 그것은 언제나 변화하며, 각자 삶의 맥락에 따라 끊임없이 재조정되는 동적 함수(Dynamic Function)이며 동적 방정식(Dynamic Equation)입니다. 이러한 맥락에서 행복을 공학적으로 다룬다는 것은 단지 수식을 외우는 것이 아니라, 인생의 다양한 변수들과 그 관계를 이해하고 조율하며 살아가는 과정 전체를 의미합니다.

일반적으로 수학에서의 방정식은 변수가 입력되면 항상 동일한 방식으로 출력을 내놓습니다. 그러나 행복은 다릅니다. 오늘의 나와 어제의 내가 같지 않고, 나와 타인의 기준이 다르듯, 동일한 변수를 대입해도 결과가 다르게 나타날 수 있습니다. 행복을 공학적으로 다루기 위해 과거부터 현재까지 누적되어온 지식들을 정리해보았습니다. 삶의 의미, 여가시간, 휴식의 질 등 다양한 요인들 역시도 지표로 재구성할 수 있습니다만, 저는 예시로 아래 변수들을 정량화하여 방정식으로 만들어보고자 합니다.

항목	예시 단위	특징
건강	체질량 지수(BMI), 수면 시간	0 이상 양의 값
경제적 안정	월 소득, 자산 규모	증가할수록 행복 기여도 증가
관계적 안정	신뢰관계 수, 소통 빈도	관계 품질이 핵심
자아 성취	목표 달성률, 만족도 지수	성취의 질이 변수로 작용
스트레스	스트레스 인지 지수	반비례 항목

행복의 주요 변수들과 특징

건강과 경제적 안정, 관계적 안정, 자아 성취는 행복에 비례하나 스트레스는 반비례하니 우선 다음과 같이 관계를 표현할 수 있습니다.

$$행복 \propto (건강 \times 경제적\ 안정 \times 관계적\ 안정 \times 자아\ 성취 \div 스트레스)$$

이 관계식에서 각 요인들은 고정된 값이 아니라, 환경과 시점에 따라 우선순위가 달라집니다. 이를 차원의 재배열이라고 표현할 수 있으며, 이로써 행복 방정식의 축을 재조정해야 할 필요가 생깁니다. 예를 들어, 젊을 때는 경제적 안정과 관계적 안정이 최우선이었다면, 중장년층에서는 건강과 삶의 의미가 우선이 되는 방식으로 함수의 가중치가 바뀌는 것입니다. 이 시간 개념을 수식에 표현하면 위의 관계는 다음과 같이 표현할 수 있습니다.

$$행복(나이) = \left(\frac{경제적\ 안정}{\alpha(나이)} \right) \times \left(\frac{관계적\ 안정}{\beta(나이)} \right)$$
$$\times (\gamma \cdot 건강 \cdot (나이)) \times (\delta \cdot 삶의\ 의미 \cdot (나이)) \div 스트레스$$

※ α, β, γ, δ는 각 요인들에 대한 가중치

위 방정식을 해석하는 데 가장 눈에 띄는 것은 모든 항에 걸려 있는 나이입니다. 나이는 우리가 어찌할 수 없는 불가항력적 요인입니다. 따라서 나이에 걸려 있는 항의 요인을 나이에 따라 전략적으로 다뤄야 함을 의미합니다. 나이가 나눗셈으로 표기되어 있는 경제적 안정과 관계적 안정은 비교적 적은 나이에 큰 행복을 느낄 수 있음을 의미합니다. 그렇다고 건강과 삶의 의미를 아예 생각하지 않고 0으로 만든다면 경제적 안정이나 관계적 안정이 아무리 높아도 행복할 수 없을 겁니다. 시간이 지나 중장년층이 되면 상대적으로 경제적 안정과 관계적 안정의 가치가 낮아지며 건강과 삶의 의미가 더욱 크게 느껴짐을 의미합니다.

검증을 위해 많은 사람들에게 네 가지 요인에 대한 인식을 물어보고 확인해보았습니다. 나이가 어릴수록 경제적 안정과 관계적 안정에 더 큰 행복을 느끼고, 나이가 많을수록 건강과 삶의 의미를 더 중요하게 여겼습니다. 모든 항목을 점수로 매긴다면, 결국 해당 나이에 각 항목을 얼마나 달성했는지에 따라서, 그리고

마지막으로 스트레스를 얼마나 줄였는지에 따라 행복 점수가 매
겨질 것입니다.

여러 사람들이 인정하는
표준 행복 방정식을 위한 고민

정확한 방정식을 도출하기 위해선 충분한 데이터 샘플이 필요합니다. 통계학의 중심극한정리에 따르면 30개 이상의 샘플이 있어야 정규성에 근접할 수 있다는 원리가 있듯, 행복 역시 수많은 경험을 통해 신뢰성 높은 방정식으로 수렴하게 됩니다. 이때 직접 경험뿐만 아니라 독서, 조언, 이미지 트레이닝과 같은 간접 경험의 내삽(Interpolation) 기법을 활용해 경험을 보강할 수 있습니다.

공학에서는 모든 시스템을 최적화(Optimization)하기 위해 효율 분석을 시행합니다. 행복 방정식에서도 마찬가지로, 효율(Efficiency)=기능(Function)/비용(Cost)이라는 기본 원리를 적용할 수 있습니다. 즉, 나의 관계 유지에 소모되는 에너지가 너무 큰지, 혹은 소득이 주는 만족도 대비 업무 스트레스는 감내할 수준인지를 자문해볼 수 있습니다. 이 분석을 통해 행복 요인들을 제거,

추가, 재배열하는 터닝 포인트를 적용할 수 있게 됩니다.

행복은 완성된 결과가 아니라, 오늘 어떤 결정을 하느냐에 따라 계속 갱신되는 함수입니다. 따라서 우리가 지금 무엇을 중요하게 여기고, 어디에 집중하고 있으며, 어떤 요인을 끌어안고 있는지가 내일의 행복 곡선을 결정짓습니다. '오늘의 결정이 바로 당신 삶의 방정식을 바꾸는 터닝 포인트'라는 믿음을 바탕으로, 매 순간 나만의 함수와 방정식을 다시 쓰는 삶을 권합니다.

이 글을 읽는 독자분들이 단 하나의 공식이라도 마음에 담아간다면, 그 자체로 우리의 오늘은 더 나은 함수가 될 것입니다. 공학이 알려주는 가장 강력한 교훈은 다음과 같습니다. '복잡한 문제일수록 기본으로 돌아가라.' 행복 역시 마찬가지입니다. 변수는 수없이 많지만, 결국 '오늘의 결심'이 가장 중요한 변수임을 잊지 말고 살아가다 보면 분명 원하는 행복을 누리며 살 수 있으리라 생각합니다.

행복 방정식은 완성된 상태가 아닌, 매일 다시 써내려가는 적응형 방정식입니다. 그리고 방정식의 키는 내일도 아니고 과거도 아닌 오늘의 결정 속에 있습니다.

행복 조리하기

1. 행복 방정식 확정

제시된 행복 방정식(Happy = f(Life))을 참고하여, 나만의 방정식 형태로 표현해보세요. (예: 나의 행복 = 0.4×가족관계 + 0.3×직업 만족도 + 0.2×건강 + 0.1×취미생활)

2. 행복 방정식 테스트

수립한 방정식에 따라 한 주 동안 실제 삶의 만족도를 점수화하여 매일 기록해보세요.

3. 행복 방정식 보정하기

기록된 점수를 바탕으로 행복 방정식의 계수(중요도)를 보정하여

더 현실적이고 개인화된 행복 방정식을 완성하세요.

결말이 아닌 출발
: 선택, 실행, 재시도의 방정식

어려운 이야기를 읽고 난 뒤의 감상이 궁금합니다. 최대한 쉽고 재미있고 간결하게 작성하고 싶었는데, 수정에 수정을 거듭했음에도 불구하고 제 글을 다시 볼 때마다 부족함을 크게 느낍니다. 하지만 글의 마지막에도 언급했듯이 이미 알고 계셨던 내용임을 깨달으셨다면, 첫 장에 소개한 파랑새와 세잎클로버를 찾은 것에 축하드리고 싶습니다. 아직 눈치를 못 챘을 뿐이지 모두가 은연중에 공학적 기법을 잘 적용하고 계셨던 것이지요.

예를 들어, 어느 목적지에 가려고 했을 때 우리는 과거 시스템을 떠올립니다. 그리고 이동의 목적과 상황에 따라 계획을 수립합니다. 그러고는 실행하여 또 하나의 경험을 데이터베이스에 축적합니다. 이동하는 과정 중에도 먼저 도착한 지인에게 언제쯤 도착할 거란 예상을 전달합니다. 이동수단의 속도를 몰라도 교통 상황이나 도착지 근처에 도착 후 본인의 도보 이동 속도 등을 토대로 대략적인 시간 계산을 도출합니다. 만약 시간에 늦었거나 조금 더 일찍 도착하기 위해 방안을 강구해야 하는 상황이 온다면 속도에 변곡점을 주기 위한 수단을 선택합니다. 버스를 타고 가다가 택시로 갈아탄다거나, 몇 분이라도 줄이기 위해 전속력으로 뛰기도 합니다. 최근엔 공유 자전거를 이용하는 것도 방법이겠지요.

몇몇은 행복으로 가는 첫걸음부터 행복을 목적지로 생각하지 않고 누군가로부터 주어지는 선물과 같이 생각하곤 합니다. 하지만 목적지 이동을 행복으로의 이동으로 바꾸어 생각해봅시다. 원하는 행복의 목적지까지 계획을 수립함이 당연합니다. 누군가 줘야만 받을 수 있는 수동적인 태도에서 가야만 하는 능동적 태도로 변하는 것이 당연하지요.

저는 어려서부터 지식의 습득에서 행복을 느꼈습니다. 앎의 양과 질을 적당하게 과시함도 좋아했고 그 과시에 대한 칭찬도 좋아했습니다. 그렇게 고등학교 성적까지 상위권 학생이라는 자만심을 가지고 대학생이 되었습니다. 하지만 곧 차원이 다른 수준의 지식을 접하게 되자 세상은 생각보다 넓으며, 제가 아는 지식은 넓은 세상에 비해 극히 일부임을 알게 되었습니다. 동시에 저는 아주 작고 하찮은 존재임을 알게 되었습니다.

자만심이 컸던 만큼 부끄러움도 컸고 그 부끄러움을 극복하고자 석/박사 학위과정을 결심하게 되었습니다. 전공 지식의 부족함만큼 다른 지식과 능력의 부족함도 알고 있었지만, 전공 지식 하나만을 해결하기에도 급급했습니다. 게다가 생활 유지도 고민해야 하는 상황이었지요. 고난은 상대적이긴 하지만, 많은 고민과 많은 행동으로 채워진 과거였던 것 같습니다.

그렇기에 저는 항상 답을 찾으려 헤매었습니다. 생활 범위가 정해진 고등학생까지는 동네 도서관에서 답을 찾고자 했습니다. 대학생이 되어서는 여러 강연들을 들었고, 강연으로 인연이 된 고도원 이사장님과 아침편지 직원분들에게 조언을 구했습니다. 학업을 마치고 직장인이 되어서도 관심 있는 강연에 참가했고, 현대차 그룹 교육에서 인연이 된 최인아 대표님의 책방 북클럽 책모임에 매월 출석해왔습니다.

이런 생활 중에 기록이란 취미가 있었습니다. 첫 아르바이트 급여로 사진을 기록으로 남길 수 있는 도구인 디지털 카메라를 구입했고, 글을 기록으로 남길 수 있는 컴퓨터 구매를 위해 무리한 아르바이트도 감행했습니다. 카메라와 컴퓨터라는 도구를 이용해 많은 기억들을 사진과 글이란 추억으로 기록해 정리해왔습니다.

앎의 행복, 기록이란 취미가 세상 밖으로 나오게 된 기회는 제가 만 38세 되던 해 직장 부서장의 추천으로 활동하게 된 현대차 그룹 칼럼니스트였습니다. 그리고 같은 해 최인아 책방에서 북토크 강연을 진행했던 조선일보 탑클래스 편집장님과 인연이 되어 비정기적 글도 기고하게 되었습니다.

이 기회와 글들이 오늘의 문예춘추사까지 이어졌습니다. 글을 써서 남기고자 하는 목적보다는 앎과 기억의 기록 자체만의 행복을 추구했는데, 운이 좋게도 기고와 출판의 기회를 얻게 되었습니다. 글의 이슈성과는 별개로 기회 자체로 큰 행복을 느꼈으나, 동시에 동일한 크기의 부담과 부끄러움도 느꼈습니다.

그동안 써놓은 글들도 있었지만 정리하는 시간이 필요했습니다. 전달하고 싶은 메시지는 '행복을 공학적으로 생각하기 위해 우리가 겪는 모든 상황들을 숫자와 단위로 평가할 수 있게 고민해보자'로 확실했지만, 의도를 관통하면서도 쉽고 재미있게 전달하는 글을 작성하기에는 저의 문장 실력이 너무나도 부족했습니다. 부족한 글을 끝까지 읽어주신 독자분들께 감사드리며, 마지막으로 제가 살아가는 방식에 대한 설명과 방정식을 남깁니다. 그리고 제 인생의 변곡점들에 감사드립니다.

최대한 빠른 시간 내에, 최대한 많은 경우의 수와 정확한 시나리오를 구성하여, 가장 기회 비용이 적거나 혹은 목적한 바에 가장 근접한 선택 후, 망설임 없이 곧바로 시행, 그리고 포기하지 않는 마음으로 끈기있게 재시도!

※ 제안하는 최적 행동 지수 단위는 시간의 제곱에 반비례함으로 물체의 가속도와 유사한 단위입니다. 즉, 실행을 가속시키는 요인이 중요함을 알 수 있으며, 그 실행의 가속은 결국 성공에 대한 불굴의 의지로부터 오는 게 아닐까 생각합니다.

행복 알고리즘

요인	설명	단위
최적 행동 지수	의사 결정 최적화 및 실행 방정식	개·회/원·분^2
고민시간	계획 시나리오를 수립하는 시간	분
시나리오 수	계획 시나리오 도출 건수	개
정확도 지수	시나리오 예측 정확도	(0~1 스케일)
기회비용	실행을 위해 소모되는 비용과 시간	원·분
실행률	계획 대비 실행 비율	(0~1 스케일)
재시도 수	다른 시나리오의 실행 수	회

제 인생의 변곡점이 되어주신 분들께 감사드립니다

1993년 영국 옥스퍼드대 문화인류학자 로빈 던바(Robin Dunbar) 교수는 뇌의 신피질 크기와 사회 집단 크기 비교로 인간이 관리할 수 있는 인맥 최대치는 평균 150명이라는 주장을 했습니다. 이를 인맥의 최대치를 뜻하는 '던바의 수'라 합니다. 물론 이 주장을 뒷받침하는 주장뿐만 아니라 반박하는 주장도 많습니다. 우연한 장소에서 만나도 어색하지 않게 인사를 나누거나, 초대받지 않은 술자리에서 우연히 동석해도 당혹스럽지 않은 정도의 친밀한 관계를 맺는 수 자체에 대한 의견도 분분합니다. 더 나아가 친밀이라는 주관적인 범주에서 벗어나 이름을 기억하거나 한 번이라도 마주치게 되는 사람들로 인연을 확장하면, 한 사람이 일생 동안 맺는 인연은 수천에서 수만 명이 된다고 합니다. 최근에는 인터넷과 SNS로 인해 새로운 형태의 인간관계가 형성되면서 모니터 혹은 휴대폰 너머의 누군가와도 얼굴을 맞대고 이야기를 나누지 않아도 깊은 관계를 맺을 수 있게 되었습니다.

사람은 관계를 맺으면서 성장합니다. 저 또한 많은 사람들과의 관계를 통해 관점을 확장하고 성장하며 행복한 인생을 살아가고 있습니다. 다만 공학 연구원이라는 직무로 얻은 관점과 통찰을 활용해 행복을 찾던 차 우연과 필연의 관계 속에서 저의 이야기를 도서라는 매체로 세상에 알릴 기회를 얻게 되었습니다. 하지만 공학연구부터 도서 출판까지의 과정들이 그리 특별하지만도 않습니다. 도리어 너무나도 평이하여 별다를 게 없을 정도입니다.

인간은 혼자 살 수 없는 사회적 동물입니다. 그리고 사회에서 만나는 다른 이들과의 관계 속에서 웃기도 하고 울기도 합니다. 또한 누군가로부터 고통을 받기도 하지만 큰 깨우침을 얻기도 합니다. 독일 커뮤니케이션 컨설턴트인 도르시 메르틴 박사는 저서 『아비투스』를 통해 인간의 품격을 결정하는 7가지 자본을 심리(어떻게 생각하고, 어디까지 상상하는가), 문화(인생에서 무엇을 즐기는가), 지식(무엇을 할 수 있는가), 경제(얼마나 가졌는가), 신체(어떻게 입고, 걷고, 관리하는가), 언어(어떻게 말하는가), 사회(누구와 어울리는가)로 설명했습니다.

이 도서가 출판되기까지 저를 성장시켜준 분들을 시간 순서대로 기재하며 감사의 뜻을 전합니다. 사실상 이 인연들은 이 도서를 접하시는 독자분들의 인연과도 크게 다르지 않습니다. 파랑새와 세잎클로버처럼 언제나 주위에 있는 인연들과 함께하는 인생이 행복한 인생임을 되뇌어보며, 이 인연들로부터 얻은 깨달음과 기회가 오늘날의 저와 이 도서를 있게 해주었음을 다시 생각해봅니다.

관점 확장에 도움을 준 분들

[심리] 이 세상의 출발점에서부터 항상 함께 해주시며 반대 상황

을 제시해주신 아버지와 어느 선택이든 응원해주시던 어머니. 그리고 함께 세상을 헤쳐나가는 친동생. [지식] 구구단도 못 외우던 학생에게 공부 방법을 일러주신 대전 목동국민학교 김용호 선생님. [심리] 어른 말을 잘 듣는 학생으로 교육하신 대전 대성중학교 유은순 선생님. [사회] 대부분 반대의 취향을 가졌지만 서로 배려해온 영혼의 친구 김일용, 어려움의 극복을 몸소 보여준 친구 정영수, 외유내강을 보여준 친구 김지윤, 남들 시선에 흔들리지 않고 묵묵히 본인의 길을 걷는 자의 표본 친구 황지혜. [심리] 공학연구원의 책임과 의무를 고민하게 해주신 한국항공대학교 석사 지도교수 이상율 교수님, 일본 나고야 대학 박사 지도교수 나가히로 사이토 교수님. [지식] 공학의 기초 지식을 아낌없이 전수해주신 한국항공대학교 이인규 교수님, 송요승 교수님, 서종현 교수님, 권도균 교수님, 행복을 수학적으로 해석해보는 과제를 내주신 한국항공대학교 최승회 교수님. [사회] 공학 연구원의 표본들이신 원자력연구원 이경자 박사님, 한국과학기술교육대학교 채수상 교수님, 서울대학교 이원령 교수님, 한국생산기술연구원 김성민 박사님. [문화] 인생의 꿈과 비전을 찾게 도와준 고도원의 아침편지 고도원 이사장님, 친누나와 같이 응원해준 아침지기이자 서초구 아버지센터 센터장이신 이하림 누나. [심리] 행복한 인생과 부부생활의 표본이신 테크플랜 CEO 고대우, 고대우님의 든든한 동행자 김유정님. [지식] 앞으로 나아가기 위한 역사의 중요성을 일러주신 대덕넷 이석봉 대표님. [경제] 산

행복 알고리즘

업 경제 흐름 전문가 하이투자증권 고태봉 본부장님. [언어] 고풍스럽고 예의 있는 화법의 소유자 국민대학교 최현주 교수님, 같은 직장에서 함께 고생하면서도 긍정적인 응원을 아끼지 않는 현대제철 이현정 책임연구원님. [문화] 조직 힘의 위대함을 보여주신 (전) LG화학 유진녕 사장님. [지식] 사기업 연구원의 책임과 의무를 알려준 현대제철 정유동 전무님, 임희중 상무님, 권태우 상무님, 송원식 실장님, 현주식 상무님, 노희석 팀장님, 박대범 팀장님. [사회] 매달 북토크를 통해 더 넓은 세상과의 만남을 이어주시는 최인아 대표님. [심리] 인생 반려자와 함께 새로운 세상을 안겨주신 장인어르신, 장모님, 처형.

그리고 수많은 도서와 웹 정보를 작성해주신 저자님들.

글 작성에 도움을 준 분들

개인 컴퓨터 안에 잠들어 있던 글을 현대그룹이라는 세상에 처음 꺼낼 수 있게 기회를 준 구남훈 박사님. 힘들어하는 후배들을 위해 선배의 경험을 이야기할 수 있는 커뮤니티를 운영하는 소셜멘토링 잇다. 다듬어지지 않은 생각을 글로 정리할 기회를 준 조선일보 Topclass 김민희 편집장님, 서경리 차장님. 공학과 행복이라는 주제로 도서 출판의 기회를 주신 문예춘추사 구본영 과장님. 그리고 부족한 제 글을 끝까지 읽어주신 모든 독자분들.

마지막으로 영원한 사랑인 아내 최미혜에게 깊이 감사드립니다.

알아 두면 좋은
수학 기초

1. 숫자와 단위

숫자는 기본적으로 세거나 잴 수 있는 분량이나 수량을 의미합니다. 그리고 수의 구성은 21세기 세계에서는 한 자리에 0, 1, 2, 3, 4, 5, 6, 7, 8, 9 총 10개의 문자로 구성된 아라비아 숫자를 표준으로 사용하고 있습니다. 수의 체계는 자연 현상을 정량화하면서 구체적으로 정립되었습니다.[35]

가장 흔하게 사용하여 친숙한 수는 자연수 혹은 양의 정수라고 불리며, 아라비아 숫자의 가장 큰 수인 9 다음에 한 자리수를 올려서 사용합니다. 대부분의 현상은 자연수 표기만으로도 정량 표현이 가능합니다. 하지만 모든 현상은 항상 커지기만 하진 않습니다. 반대로 줄어들기도 하는데, 줄어들다가 완전히 소멸해 없어지는 상태를 0이라 표현하고 이보다 더 줄어들면 음의 기호인 '−'(마이너스)를 붙여 자연수처럼 표기합니다. 이를 음의 정수라고 합니다. 이렇게 양의 정수(자연수)와 0 그리고 음의 정수를 통틀어 정수라고 표현합니다.

정수 간 합과 차이는 항상 정수의 표기만으로도 표현됩니다. 하지만 정수와 정수 사이 혹은 정수와 정수의 곱과 나눗셈 계산에서 표현할 수의 체계는 소수(Decimal Number)[86] 혹은 정수가 아닌 유리수가 됩니다. 그리고 이 소수 중에서 나머지가 없는 나눗셈이 되는 유한 소수와 분수로 표현이 가능한 반복되는 소수까지는 유리수 범주에 속합니다. 수 표현에서 자리수가 많아져도 정확히 나뉘거나 분수로 표현이 가능한 수를 다루는 것은 그리 어렵지 않을 거라 생각합니다.

이 외, 유리수 범주를 벗어나는 수 체계부터 조금 어려워집니다. 유리수는 곱과 나눗셈의 결과 표기를 위한 수라고 한다면, 무리수 경우는 모든 구성 요인들이 같은 값을 갖는 비율 계산으로부터 고찰되었습니다.

예를 들면, 어떤 두 개의 수를 곱해서 2를 나타내는 수를 표기하기 위해 2라는 수를 나누면 $1.4142135623\cdots$[87]라는 소수점 10개 이하 자리수로도 정확히 나뉘지 않아 무한 계산을 해도 나머지가 남는 수들이 있습니다. 단순한 계산 외 수학과 물리적 의미를 가진 대표적인 무리수로는 원의 비율을 뜻하는 원주율 π와 무한한 감소와 증가의 혼합 비율인 자연상수(Euler's number) e가 있습니다. 이런 의미를 가진 무리수를 초월수라고 부르며 숫자 대

---

86 한국 수학에서는 1과 자신만을 약수로 가지는 자연수인 소수(prime number)와 소수점이 있는 수인 소수(decimal number)와 같은 명칭을 가지고 있다.

87 1.4142135623을 곱하면 1.99999999979가 되어, 2라는 숫자가 되지 않는다.

신 특수 기호로 사용합니다. 이 초월수까지가 실수 범주에 속합니다. 수에서 기호를 사용하는 수는 특별한 의미를 가지고 있습니다.

실수가 아닌 수의 체계는 허수라고 불립니다. 실수까지는 부피와 질량을 가지는 물질 상태를 표현하는 데까지 주로 사용하는 수라 한다면, 허수는 전기 위상, 파동과 같이 일정한 주기 혹은 회전과 같은 상태를 표현하는 데 필요한 수입니다. 음수와 음수의 곱은 양수라는 법칙과도 같은 계산이 있는데, 허수는 두 수를 곱했을 때 음수가 나오는 수로 i라는 기호를 사용합니다.

중요하니 다시 한번 말하자면, 수는 기본적으로 세거나 잴 수 있는 분량이나 수량을 의미합니다. 수의 체계는 셀 수 있는 표현을 구분했을 뿐이지 수의 의미는 다름이 없습니다. 즉, 어떠한 상태일지라도 분량과 수량으로 정량화하기 위한 도구가 수입니다. 하지만 수를 사용하여 정량화하는 데 그 대상 혹은 현상이 없다면 허상에 불과합니다.

단위는 정량화의 대상을 의미합니다. 대표적인 단위로는 국제도량형총회에서 정리한 기본 단위와 SI 유도 단위가 있습니다. 기본 단위로 지정된 일곱 가지 단위가 일상 생활에서 가장 흔히 접하는 상태입니다. 기본 단위 외에도 널리 사용되는 유도단위는 물리적 관계가 확인된 현상들입니다. 이외에도 어떠한 대상 혹은 현상을 정량화할 필요성이 있다면 단위와 함께 숫자로 표현해야 합니다.

기본량	이름	기호	정의
길이	미터	m	진공에서 빛이 1/299,792,458초 동안 진행한 거리, 1983년 재정의
질량	킬로그램	kg	질량-에너지 증가 원리를 바탕으로 플랑크 상수 h를 $k \cdot m^2/s$와 동등한 J·s 단위로 표기할 때 $6.62607015 \times 10^{-34}$의 고정값을 취하도록 정의, 미터와 초는 국제 단위계에서 정의 수 적용, 2018년 재정의
시간	초	s	절대 영도(0 K)에서 세슘-133(cesium-133) 원자의 바닥 상태(6S1/2)에 있는 두 개의 초미세 에너지준위(F=4, F=3)의 주파수 차이를 9,192,631,770 Hz로 정의하고 그 역수를 통해 초를 정의, 1997년 재정의
전류	암페어	A	무한히 길고 무시할 수 있을 만큼 작은 원형 단면적을 가진 두 개의 평행한 직선 도체가 진공에서 1미터 간격으로 유지될 때, 두 도체 사이에 1미터당 2×10^{-7} 뉴턴(N)의 힘을 생기게 하는 일정한 전류, 1948년 재정의
온도	켈빈	K	볼츠만 상수 k가 1.380649×10^{-23} J/K이 되도록 하는 값, 2019년 재정의
물질량	몰	mol	아보가드로 상수가 NA = 6.02214076×1023 mol-1가 되도록 하는 단위, 2019년 재정의 ※ 아보가드로의 수 N(6.02214076×1023, 1cm 3 또는 1기압, 0℃ 조건에서 22.4L의 이상 기체의 원자의 수), 물질량 n, 아보가드로 상수 NA에 관계($N=nN_A$)
광도	칸델라	cd	진동수 540×10^{12} 헤르츠인 단색광을 방출하는 광원의 복사도가 어떤 주어진 방향으로 매 square radian당 1/638 watt일 때 이 방향에 대한 광도, 1979년 정의

기본 단위 종류와 정의

구분	유도량	기호	이름	SI 기본 단위로 나타낸 값
일반 유도 단위	넓이	m^2	-	-
	부피	m^3	-	-
	속력, 속도	m/s	-	-
	가속도	m/s^2	-	-
	밀도	kg/m^3	-	-
	농도	mol/m^3	-	-
	광휘도	cd/m^2	-	-
차원 단위	주파수	Hz	헤르츠(hertz)	/s
	힘	N	뉴턴(newton)	$kg \cdot m/s^2$ 또는 $kg \cdot m/s^2$
	압력, 변형력	Pa	파스칼(pascal)	$N/m^2 = kg/m \cdot s^2$
	에너지, 일, 열량	J	줄(joule)	$N \cdot m = kg \cdot m^2/s^2$
	일률, 전력, 동력	W	와트(watt)	$J/s = kg \cdot m^2/s^3$
	전하량, 전기량	C	쿨롱(coulomb)	$A \cdot s$
	전위차, 기전력, 전압	V	볼트(volt)	$W/A = kg \cdot m^2/s^3 \cdot A$
	전기 용량	F	패럿(farad)	$C/V = s^4 \cdot A^2/kg \cdot m2$
	전기 저항	Ω	옴(ohm)	$V/A = kg \cdot m^2/s^3 \cdot A^2$
	전도율	S	지멘스(siemens)	$A/V = s^3 \cdot A^2/kg \cdot m^2$
	자기 선속	Wb	웨버(weber)	$V \cdot s = kg \cdot m^2/s^2 \cdot A$
	자기선속밀도	T	테슬라(tesla)	$Wb/m^2 = kg/s^2 \cdot A$
	인덕턴스	H	헨리(henry)	$Wb/A = kg \cdot m^2/s^2 \cdot A^2$
	섭씨 온도	℃	섭씨도(Celsius)	K - 273.15
	광선속	lm	루멘(lumen)	$cd \cdot sr$
	조도	lx	럭스(lux)	lm/m^2
	방사능	Bq	베크렐(becquerel)	/s
	흡수선량	Gy	그레이(gray)	$J/kg = m^2/s^2$
	선량당량	Sv	시버트(sievert)	$J/kg = m^2/s^2$
	촉매 활성도	kat	캐탈(katal)	mol/S
SI 보조 단위	평면각	rad	라디안(radian)	-
	입체각	sr	스테라디안(steradian)	-

SI 유도 단위

행복 알고리즘

2. 함수의 논리

함수는 돈을 투입하고 원하는 상품의 버튼을 누르면 그 상품이 나오는 자판기와 같다고 생각하면 쉽습니다. 투입한 돈을 원하는 상품으로 바꿔주는 자판기와는 달리, 함수는 투입한 숫자와 단위를 일정한 규칙에 따라 결과값으로 바꿔줍니다. 따라서 함수를 입력과 출력 사이의 약속이라고도 할 수 있습니다.

교육 과정 중에 배우는 함수는 복잡한 계산을 동반하기 때문에 이해하기 쉽진 않습니다. 하지만 본문을 이해하는 데 필요한 수준은 각 함수의 예시와 그래프로 그려지는 형태가 어떤지, 그리고 입력값이 무한히 작거나 커질 경우에 결과값이 어떻게 변하는지의 관계 정도만 알아도 충분하리라 생각합니다.

이와 같은 목적을 감안하여 대표적인 함수 여덟 가지를 표로 정리했습니다. 먼저, 상수 함수는 변수인 x와 관계없이 항상 동일한 값을 갖는 함수입니다. 변수인 x의 계산이 상수 곱일 경우에는 그래프 형태가 직선인 선형 함수가 됩니다. x를 두 번 곱하게 되는 그래프는 포물선 형태가 됩니다. x를 세 번 이상 곱하게 되는 그래프는 곱하는 수에 따라 꺾이는 부위가 생기는 곡선 형태의 그래프가 됩니다. 분수 함수는 x가 분모에 위치하기 때문에 분모가 0이 되는 상태에 불연속적 점이 생기며 x가 커질수록 어느 한 수에 무한히 가까워지는 결과를 나타냅니다. 어느 일정한 상수의 지수에 위치하는 경우에는 증가 혹은 감소폭이 매우 급격한 형태를 띠며, 지수 표현을 로그로 바꿔 표현한 함수는 지수 함수와 반대로 매우 완

만한 형태를 보입니다. 마지막으로 삼각함수는 회전하는 원운동에 기반하기 때문에 반복적인 패턴을 갖는 형태로 표현됩니다.

종류	예시	특징
상수	$y = 2$	모든 입력에 대해 동일한 출력
선형	$y = x$	직선 형태, 일정한 기울기로 증가 또는 감소
이차	$y = x^2$	포물선 형태를 가지며, 대칭축이 있음
다항	$y = x^3 - 3x$	여러 항으로 구성되어 다양한 곡선 모양을 가짐
분수	$y = 1/x$	분모가 다항식으로 구성되어 있으며, 불연속점 존재 가능
지수	$y = e^x$	x에 따른 값의 변화가 매우 빠르며 성장 혹은 감소가 급함
로그	$y = \ln(x)$	지수 함수의 반대이며, 성장 속도가 완만함
삼각	$y = \sin(x)$	주기적이며, 반복되는 패턴을 가짐

대표적인 함수 종류와 특징

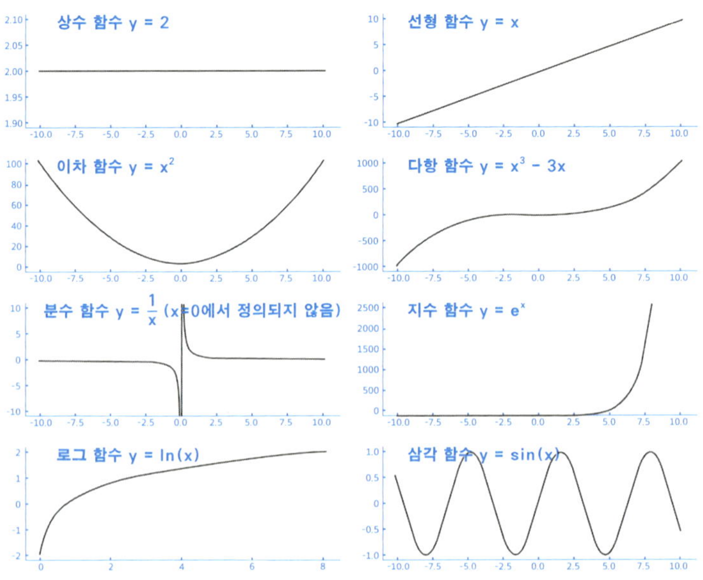

대표적인 함수의 그래프 형태

3. 사칙연산과 공간

사칙연산(Four Fundamental Rules of Arithmetic Operations)은 덧셈, 뺄셈, 곱셈, 나눗셈 네 가지 셈을 일컫습니다. 일상생활에서 가장 흔하게 사용하는 연산이며, 제일 기본이 되는 연산입니다. 이미 잘 알고 있을 내용이지만, 사칙연산의 기본 의미를 짚겠습니다.

덧셈은 기호 +(Plus)를 사용하며, 기호 앞의 수를 기준으로 기호 뒤의 수만큼 증가함을 의미합니다. 뺄셈은 기호 −(Minus)를 사용하며, 기호 앞의 수를 기준으로 기호 뒤의 수만큼 감소함을 의미합니다. 곱셈은 기호 ×(Multiply)를 사용하며, 기호 앞의 수가 기호 뒤의 수번만큼 증가함을 의미합니다. 나눗셈은 기호 ÷(Divide)를 사용하며, 기호 앞의 수가 기호 뒤의 수번만큼 감소함을 의미합니다.

여기서 수의 증가를 의미하는 덧셈과 곱셈은 기호를 기준으로 수의 위치가 바뀌어도 결과값은 변하지 않습니다. 하지만 수의 감소를 의미하는 뺄셈과 나눗셈은 기호를 기준으로 수 위치가 바뀌면 결과값이 변합니다.

기호		의미	교환값
+	Plus	기호 앞의 수를 기준으로 기호 뒤의 '수만큼' 증가	동일
−	Minus	기호 앞의 수를 기준으로 기호 뒤의 '수만큼' 감소	다름
×	Multiply	기호 앞의 수가 기호 뒤의 '수번만큼' 증가	동일
÷	Divide	기호 앞의 수가 기호 뒤의 '수번만큼' 감소	다름

사칙연산의 기본

기본적으로 덧셈과 곱셈은 수의 증가를 의미하며, 뺄셈과 나 눗셈은 감소를 의미합니다. 증감 기준 외에도 수의 체계와 사칙 연산을 함께 고려하면, 덧셈과 뺄셈을 하나의 연산 그리고 곱셈 과 나눗셈을 다른 하나의 연산으로 하는 두 가지 연산으로 간주 할 수도 있습니다.

예를 들어, 음의 정수를 뺄셈으로 계산하는 경우에는 덧셈과 같은 계산 결과가 되기에 양과 음의 정수 체계 안에서의 덧셈과 뺄셈은 같은 연산으로 계산할 수 있습니다. 다른 연산 하나의 예 는 분수의 분모를 곱셈으로 계산하는 경우입니다. 이는 분수의 분자를 나눗셈으로 계산하는 결과와 같으며 수의 모든 체계에 통 용되는 연산입니다.

숫자만의 연산이 아닌 단위 혹은 차원 그리고 공간이라는 개 념의 연산까지 고려하면 사칙연산의 의미가 좀 더 확실해집니다. 덧셈과 뺄셈은 단위 연산과는 무관하지만, 동일한 단위가 아니라 면 연산이 불가능합니다. 이에 비해 곱셈과 나눗셈은 숫자와의 연산뿐만 아니라 단위 연산도 가능합니다. 국제 단위계 SI 유도 단위의 기본 단위로 나타낸 값들이 그 대표적인 예시들입니다.

즉, 단위를 포함하는 덧셈과 뺄셈은 단위의 변함 없이 증가와 감소만을 의미하나, 곱셈과 나눗셈은 두 단위 간의 관계로 새로 운 의미를 가진 단위가 됩니다. 단위의 곱과 나눗셈 연산이 실생 활에서 유용하게 사용할 수 있는 사칙연산의 핵심은 '곱셈으로 이루어진 단위는 누적과 같다', '나눗셈으로 이루어진 단위는 변

행복 알고리즘

화의 크기를 의미한다'입니다. 단위는 직교좌표에서 하나의 축에 표기됩니다. 그리고 두 축의 곱셈은 그 축에 해당하는 값의 수평 연장선에 가두어진 크기를 의미합니다. 반대로 두 축의 나눗셈은 기호 뒤의 축이 1의 값을 가질 때 기호 앞의 축의 값에 대한 비율을 의미합니다. 따라서 곱셈과는 다르게 나눗셈은 연산 순번도 중요합니다. 예를 들어, 2×4의 값은 4×2와 같습니다. 하지만, 2÷4의 값과 4÷2의 값은 다릅니다. 즉, 나눗셈 연산은 뒤의 숫자가 정수 1의 값을 가질 때 앞의 숫자가 갖게 되는 비율값을 의미합니다. 이보다 더 중요한 사실은 단위 곱셈과 나눗셈 연산에 나오는 숫자의 값이 아닌 단위에 있습니다. 직교 좌표에 그려진 그래프의 선과 그 선에 해당되는 면적이나 변화에 의미가 있다면 이로써 물리적 의미를 가진 하나의 법칙과 같은 경향성을 찾아볼 수 있습니다.

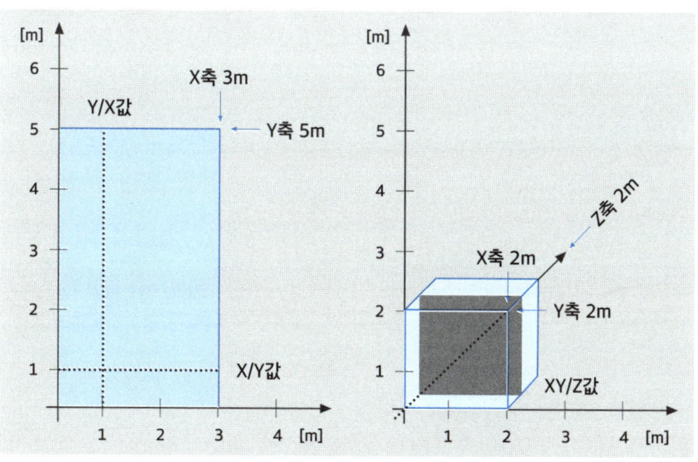

축 단위 길이의 곱셈과 나눗셈, 면적과 부피

　하지만 단위를 가졌을지라도 물리적 의미를 가지고 있지 않고 현상만을 나타내는 경우가 많습니다. 대표적인 예가 아래 주식 그래프(코스피 2012~2022)와 같은 일정한 시간(x축)에 따른 주식(y축) 변화를 체크한 그래프들입니다. 두 축의 곱셈 단위는 '원·시간'이고, 나눗셈 단위는 '원/시간'입니다. 이런 단위는 아마 보신 적도 없으실 겁니다. 굳이 해석하자면, 곱셈이 의미하는 면적은 시간 동안 거래한 주식 금액이 될 테고, 나눗셈이 의미하는 변화는 상승 혹은 하락을 의미하는 정도가 될 겁니다.

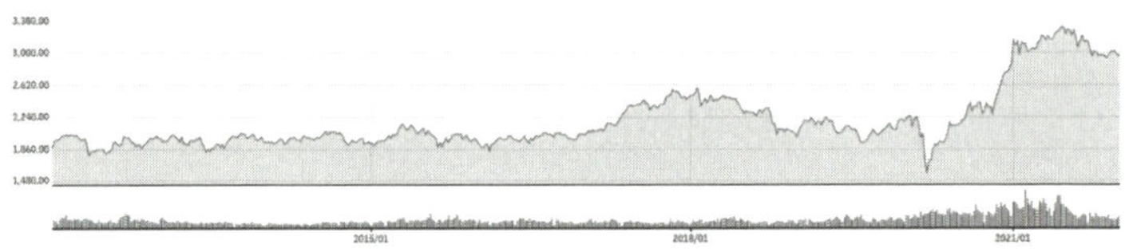

주식 그래프(코스피 2012~2022)

4. 미적분과 공간

사칙연산까지는 물리 현상에 대한 이해가 없어도 숫자 0~9와 자릿수의 규칙성만 암기할 수 있다면 연산 결과값을 도출하는 데 크게 무리가 없었습니다. 도리어 쉬운 계산법에 익숙해져서 물리적 의미를 고민하지 않고 사용했을 가능성이 높다고 생각합니다. 하지만 미분(Derivate)과 적분(Integral)은 물리적 이해뿐만 아니라 연산 또한 쉽지 않습니다. 미분의 연산 기호는 의미에 따라 대문자 델타 'Δ', 소문자 델타 'δ', 영소문자 'd', 편미분 기호 '∂'를 사용합니다. Δ는 유한한 변화량(Finite Difference)을 의미하며, 'Δx=x_2-x_1'로 연산합니다. δ의 연산은 Δ와 같으나 Δ보다는 매우 작은 변화량을 의미합니다. d는 순간의 변화율을 의미하며, 미분 연산에서 주로 사용하는 기호입니다. 마지막으로 ∂는 여러 변수의 함수에서 하나의 변수의 미분을 연산할 때 사용하는 기호입니다. 미분은 변수의 차수를 하나 내리면서 계수와 곱하는 제법 단순한 연산 규칙을 갖습니다.

적분의 연산기호는 기본적으로 적분 기호인 '∫(단일 적분, Single Integral)'을 사용하며 적분의 차원이나 그래프 경로의 성격에 따라 '∬(이중 적분, Double Integral)'과 '∮(폐곡선 적분, Closed Line Integral)'을 사용합니다. 단일 적분은 선분이나 실수 구간의 면적, 이중 적분은 평면 영역에서의 면적, 폐곡선 적분은 이름 그대로 폐곡선의 면적을 연산합니다. 특히 적분의 연산은 다항식 조합이 조금만 바뀌더라도 적분 연산이 매우 복잡해지기 때문에 편의를 위해 미리 작성

해둔 적분표를 사용하기도 합니다.

1. $\int u\, dv = uv - \int v\, du$

2. $\int u^n\, du = \dfrac{u^{n+1}}{n+1} + C,\ n \neq -1$

3. $\int \dfrac{du}{u} = \ln|u| + C$

4. $\int e^u\, du = e^u + C$

5. $\int a^u\, du = \dfrac{a^u}{\ln a} + C$

6. $\int \sin u\, du = -\cos u + C$

7. $\int \cos u\, du = \sin u + C$

8. $\int \sec^2 u\, du = \tan u + C$

9. $\int \csc^2 u\, du = -\cot u + C$

10. $\int \sec u \tan u\, du = \sec u + C$

11. $\int \csc u \cot u\, du = -\csc u + C$

12. $\int \tan u\, du = \ln|\sec u| + C$

13. $\int \cot u\, du = \ln|\sin u| + C$

14. $\int \sec u\, du = \ln|\sec u + \tan u| + C$

15. $\int \csc u\, du = \ln|\csc u - \cot u| + C$

16. $\int \dfrac{du}{\sqrt{a^2 - u^2}} = \sin^{-1}\dfrac{u}{a} + C$

17. $\int \dfrac{du}{a^2 + u^2} = \dfrac{1}{a}\tan^{-1}\dfrac{u}{a} + C$

18. $\int \dfrac{du}{u\sqrt{u^2 - a^2}} = \dfrac{1}{a}\sec^{-1}\dfrac{u}{a} + C$

19. $\int \dfrac{du}{a^2 + u^2} = \dfrac{1}{2a}\ln\left|\dfrac{u+a}{u-a}\right| + C$

20. $\int \dfrac{du}{u^2 + a^2} = \dfrac{1}{2a}\ln\left|\dfrac{u-a}{u+a}\right| + C$

적분표 예시

    당연하게도 문제를 해결하는 분야에서는 적분 연산이 복잡할지라도 정확한 결과값을 도출해야만 밝히고자 하는 현상의 논리를 유추할 수 있습니다. 하지만 파인만 교수가 말했듯이 함수 혹은 그래프 형태를 볼 수 있다면, 연산 여부와 상관없이 현상의 관계성을 유추할 수 있습니다. 미적분의 물리적 의미를 이해하기 위한 첫걸음은 역시 단위 연산입니다. 그나마 다행히 미적분 연산의 단위 결과가 사칙연산의 곱셈과 나눗셈과 동일하여, 미분은 나눗셈으로 적분은 곱셈과 동일한 단위 결과값으로 도출됩니다. 하지만 미적분이 어려운 점은 단위 연산만 같을 뿐, 이미 앞 문단에서 언급해서 알고 있듯 연산과정과 범위가 다르다는 것입니다.

미분의 의미: 변화의 원동력

어려운 미적분을 이해하기 위해서는 한 점을 향해 한없이 가까워져가는 동적 상태를 의미하는 극한의 개념까지 알고 있어야만 합니다. 수의 체계에서 언급했듯이 수는 무한합니다. 일상에서는 유리수 정도의 범위만 다뤄도 되지만, 실제 많은 현상에서는 무리수는 물론 심지어 실수의 범위를 넘은 허수까지도 사용합니다. 즉, 수를 대할 때 고정된 하나의 값을 생각하면 미적분을 다루는 데 걸림돌이 됩니다.

미분을 다루기 위한 추가 개념인 극한을 예시로 들면, 1이라는 정수 하나의 점을 중심으로 작은 수에서 커지면서 가까워지는 0.9̇가 있고, 큰 수에서 작아지면서 가까워지는 1.0000⋯1이 있습니다. 이와 같은 현상을 2D 공간에서 상상해보면, 두 점으로 이루어진 하나의 '기울기(Gradient)'를 가진 직선이 생깁니다. 이렇게 한없이 가까워지는 두 점이 한 점에 가까워질수록 두 점을 이은 직선의 기울기가 정해지는데 이를 미분값이라고 합니다. 즉, 미분값은 그래프상에서 어느 변수(x)로 인해 변해가는 결과(y)의 순간 기울기입니다. 이에 비해 나눗셈은 변화가 없는 상태를 기준으로 하여 최종 결과와의 변화 차이를 평균적으로 표현하는 연산이 됩니다.

이 순간 기울기가 의미하는 바가 공학에서 가장 많이 사용하는 의미로 '변화의 원동력' 혹은 '변화의 동기'입니다. 아래 'y=x sin(x^2)+1'라는 제법 복잡한 그래프로 그려지는 속도의 변화를 해석할 수 있습니다. 해당 시간에 속도가 변하면서 순간 가속도

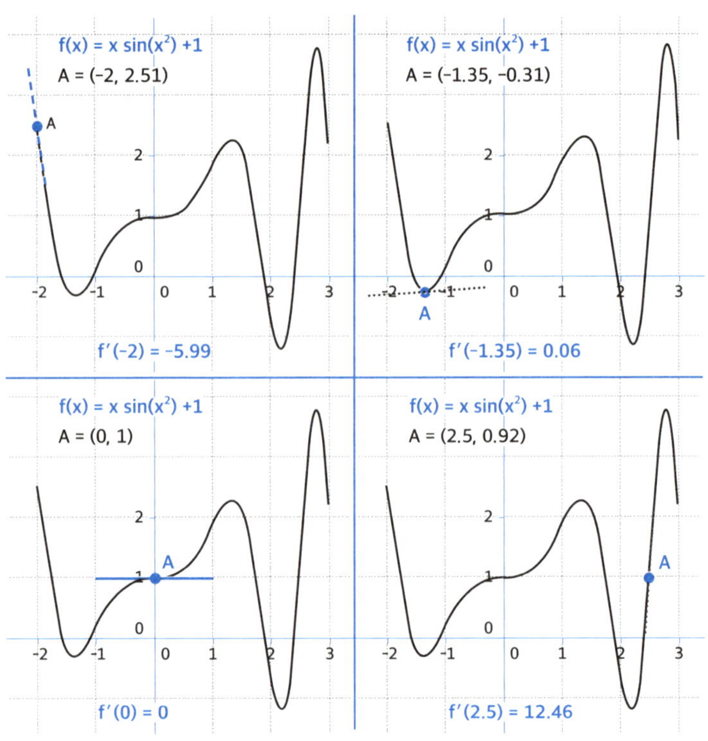

미분(현상을 나타내는 그래프와 4개 지점의 순간 기울기)

가 바뀌고 있음을 말해줍니다. 속도가 줄어드는 구간에는 음의 기울기를 가지며, 속도가 증가하는 구간에는 양의 기울기를 가집니다. 운전 중인 상황으로 연결하자면 각각 브레이크와 엑셀러레이터에 대응됩니다.

적분의 의미: 변화의 누적

연산이 어려운 적분의 의미는 이미 알고 있듯이 곱과 같은 면적입니다. 다른 점은 다뤄지는 공간의 차이입니다. 예시로 2차원 좌표에서 하나의 점 위치를 임의로 표기한다면, 각 축의 중심인 0에서부터 떨어진 위치로 (x, y) 표기합니다. x축에서 x만큼 떨어진 위치에서 수직선 하나와 y축에서 y만큼 떨어진 축에서 수직선 하나를 그으면 (x, y) 위치를 기준으로 사각형 면적이 발생됩니다. 이렇게 형성되는 면적이 곱에 의한 면적이며 289쪽에 그림으로 표현되어 있습니다.

이에 비해 적분의 공간은 x축에 대응되는 정의역과 y축에 대응되는 공역 사이의 공간입니다. 다음 그림과 같이 임의의 함수로 그려진 그래프는 x축과 y축으로 이루어진 공간을 가로지릅니다. 함수로 나누어진 공간은 x축을 기준으로 적분하면 그래프와 x축과의 사이 공간을 의미하며, y축을 기준으로 적분하면 그래프와 y축의 사이 공간을 의미합니다.

이 적분 면적이 의미하는 바는 '변화의 누적'입니다. 미분과 적분을 설명하기 위한 그래프가 속도의 변화라고 한다면 x축 단위는 시간이며, y축 단위는 m/sec.로 가정할 수 있습니다. 그렇다면 해당 그래프의 적분 단위는 거리인 m가 되며, 계산으로 구해지는 면적은 해당 시간에 이동한 거리를 의미합니다. 양의 속도인 경우 속도 크기와 상관없이 계속 앞으로 가는 운동이기에 이동 거리는 증가합니다. 하지만 음의 속도인 경우에는 후진을 의미하며 이동한 거리는 줄어듭니다.

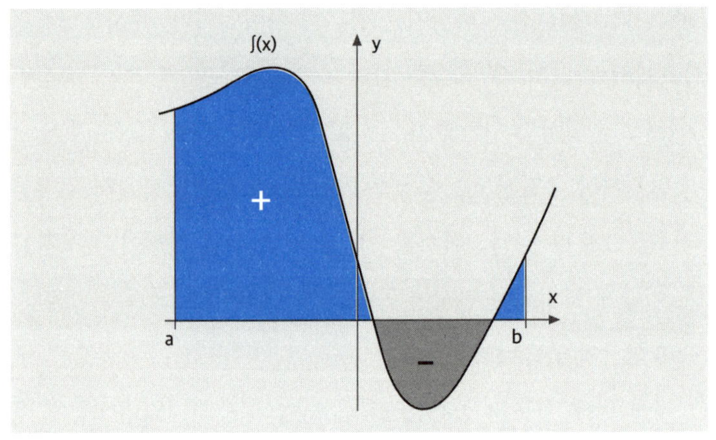

적분(변화의 누적)

미적분의 숨은 의미: 변화의 의미

제목이야 간단히 기재했지만, 실제로는 굉장히 어렵고 심오한 기술입니다. 어떤 현상을 정량적으로 측정하여 그래프로 도시하는 행위는 추정 원인과의 관계성을 볼 수 있게 해줍니다. 어떠한 현상은 단순한 1차 선형관계로 우상향하기도 하고 우하향하기도 합니다. 대부분의 현상은 증가와 감소가 규칙적으로 반복되는 듯하면서도 불규칙한 경우도 많으며, 심지어 연속적이지 않고 불연속적인 경우도 있습니다.

이렇게 혼돈의 변화 속에서 미분은 변화의 원동력을 추정하는 기법이고, 적분은 특정 상황에 변화가 어떻게 누적되는지를 추정하는 기법입니다. 줄곧 예를 든 자동차의 속도 그래프에서의 미분값은 가속도를 의미함을 언급했습니다. 여기에 'F=ma'라는 공식을 통해 자동차 가속을 위해서는 엔진의 힘이 가속과 속도의 제어 핵심임을 알게 되면서 자동차 발전이 이뤄지고 있습니다. 순간 순간의 속도는 낮을지라도 멈춰 있지 않고 꾸준히 이동한다면 늦더라도 이동거리가 줄곧 늘어남을 이야기해주는 연산이 적분입니다.

5. 벡터와 공간

사칙연산부터 미적분과 벡터를 설명하는 데 공간이라는 단어가 항상 뒤에 붙는 것에 궁금함을 느끼셨나요? 사칙연산과 미적분까지 설명하는 물리량들은 일반적으로 좌표 변환에 의존하지 않는 물리량인 스칼라(Scalar)[88]를 사용합니다. 쉽게 표현하면 방향을 가지지 않고 크기만 가지는 물리량 혹은 절대값으로 이해하면 됩니다. 하지만 교과서를 벗어난 대부분 상황에서는 방향과 크기를 가진 벡터라는 벡터 공간의 원소로 구성되어 있습니다. 일반인에게 스칼라와 벡터의 차이를 가장 쉽게 보여주는 사례가 있습니다.

어느 도서관에서 공부하던 학생이 공부가 힘들어서였는지 포스트잇에 '인생은 속도가 아닌 방향이다'라는 글귀를 적어 붙여놨습니다. 그 밑에 어느 학생이 다음과 같이 답글을 달았습니다. "속도는 속력과 방향을 합친 벡터값입니다. 방향을 이미 내포하고 있죠. 따라서, 속도를 속력으로 고쳐야 합니다." 도서관 포스트잇의 해학이 말해주는 벡터와 스칼라의 차이는 방향의 유무입니다.

당연하게도 변화는 여러 방향으로 작용할 수 있습니다. 스칼라로 표현할 수 있는 방향은 양의 방향과 음의 방향 두 가지밖에 없지만, 현실에서는 증감으로만 표현할 수 없는 변화들이 더욱 많습니다. 변화의 특성에 따라 두 개 이상의 변화에 영향을 미칠

---

88 계단 및 저울을 뜻하는 라틴어 scala를 어원으로 갖고 있으며, scale과 기원이 같다. 좌표계가 바뀌어도 변하지 않는 양이라는 의미로 시작되었다.

수 있음을 표현하는 데 용이한 기법이 벡터입니다.

아래에 벡터를 설명하기 위한 공간으로 2차원 직교 좌표를 준비했습니다. 이 직교 좌표에 임의의 두 점을 찍고 그 두 점의 크기를 비교하려 합니다. 스칼라의 비교는 동일한 축 위에 존재하는 두 점의 크기 비교와 같습니다. 벡터는 x축과 y축으로 이루어진 평면 어딘가에 그려진 두 점의 비교를 의미합니다. 참고 그림에서 (0,0)을 기준점으로 하여 각 점들까지의 방향은 제각각임을 알 수 있습니다.

먼저 스칼라의 비교는 동일한 방향의 직선에서만 성립합니다. 즉 x축에 나열된 세 점들, 그래프의 대각선을 가로지르는 두 점들, y축에 나열된 세 점들끼리의 비교만 됩니다. 방향이 다른 점들의 크기 비교를 위한 방법이 벡터입니다. 예시의 직교 좌표에 회색 점들로 표기된 $(0,5)$, $(2, \sqrt{21})$, $(\sqrt{21},2)$, $(5,0)$ 네 점은 반지름이 5인 원의 궤적 안에 있기에 스칼라량은 동일합니다. 하지만 네 점 모두 방향이 다릅니다. 이렇게 방향이 다름을 표기하는 방법으로 사용하는 연산이 벡터의 내적(Scalar Product, Dot Product, Inner Product) 연산입니다. 좌표계의 지점에서 직교 좌표의 x축과 y축에 수직선을 그어 만나는 점들로 벡터 성분을 알아낼 수 있습니다. $(2,\sqrt{21})$는 $2i+\sqrt{21}\,j$로 표기하며, $(\sqrt{21},2)$는 $\sqrt{25}\,i+2j$로 표기합니다. 좌표 표기와 유사한 듯하지만, x축과 y축 요인으로만 나뉘어 축을 정렬함으로써 비교적 간편하게 스칼라 연산을 할 수 있게 해 줍니다.

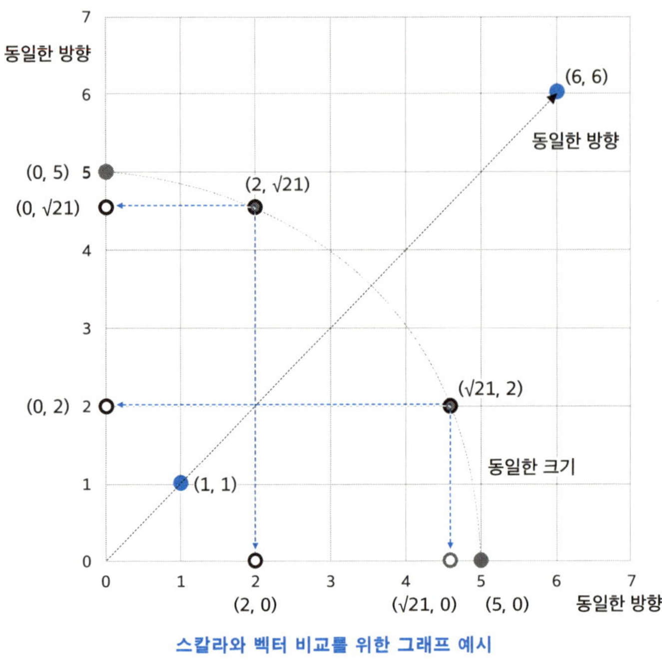

스칼라와 벡터 비교를 위한 그래프 예시

벡터 연산에는 내적 외에도 스칼라량을 벡터로 다시 복구하는 외적(Cross Product, Outer Product, Exterior Product) 연산이 있습니다. 이처럼 외적은 내적과는 반대되는 개념으로 접근하면 됩니다. 그럼 외적에 대해 궁금점이 하나 생기리라 생각합니다. 방향성이 없던 스칼라량의 외적으로 방향성을 가진 벡터로 만든다는데, 방향성을 가진 벡터에 외적 연산을 더하면 어떤 일이 일어날까요? 벡터의 내적이 2차원 평면에서 1차원 선으로 내려가는 것의 반대 현상으로 2차원 평면에서 3차원 공간의 새로운 벡터가 형성됩니다. 연산의 논리가 실제로 적용되는 현상이 바로 모터입니다. 모터의 기본 구성품은 자석과 자력선에 수직하게 배열하는 도선입니다.
이 도선에 전류를 흐르게 하면 도선은 자력선과 전류가 흐르는
평면에서의 운동이 아닌 수직한 방향으로 움직이게 됩니다.

6. 통계와 확률

통계는 집단적 현상이나 수집된 자료의 내용에 관한 수량적인 기술입니다. 이해를 돕기 위해 통계의 영단어 Statistics의 어원을 찾아보면, 확률을 뜻하는 라틴어 Statisticus 및 Statisticum과 나라 및 정치가를 뜻하는 이탈리아어 Statsta에서 유래했다고 합니다. 19세기에 들어서서 우리가 알고 있는 통계 분야로 정립되었지만, 이전에는 국가의 인력, 재력 등 국가적 자료를 기록하여 비교 검토하는 작업을 의미했습니다.[36]

즉, '기록된 자료를 검토한다'란 행위를 주요하게 생각해본다면, 모든 학문은 물론이고 인류의 역사에서 가장 오래된 수학적 기술이 바로 통계라 해도 무방할 듯합니다. 이처럼 오랜 역사와 함께 발전해온 통계적 기법들은 20세기 자동화된 공장에서 대량으로 생산되는 생산품의 불확실성(Uncertainty)과 변동(Variation)에 대응하여 과학적 판단이 가능하도록 만들어줬습니다. 단 두 개의 단어 출현만으로 복잡해진 통계를 예시를 통해 설명하겠습니다.

정밀 과학 기술에 기반하여 구축되고 운영되는 자동화 제조 공장에서도 6M[89]에 따라 발생하는 오차로 인해 모든 품질이 동일하지 않습니다. 이렇게 동일하지 않은 품질 차이를 평가하는 데 일반적으로 사용하는 통계치가 평균[90]과 편차입니다. 결과가

---

89 Man(인간), Machine(기계), Material(재료), Method(공정), Measurement(측정 및 검사), Mother Nature(Environment, 환경)

90 평균만 하더라도 사용하는 상황에 따라 모집단 전부의 결과를 사용하는 모평균, 표본만 추출하여 사용하는 표본평균, 일부 표본에 가중치를 달리하는 가중 평균 등으로 사용한다.

되는 최종 제품 품질의 요인과 원인이 되는 6M 요인들의 평균과 편차들을 함수로 만들어 관계성을 알아볼 수 있습니다. 이렇게 알아본 관계를 이용하여 품질 요인의 평균치를 제어하면서 동시에 편차도 줄입니다.

통계가 품질 관리에서 강력한 툴이 된 또 하나의 이유는 실제 해보지 않은 결과도 미리 짐작할 수 있게 하기 때문입니다. 하지만 과학에서는 불완전한 관찰, 불확실한 추론, 새로운 발견의 가능성, 확률적 사고를 고려하여 100%라는 수치의 절대적인 확신이나 진리를 다루지 않습니다. 따라서 통계적으로 알아낸 관계 오차가 발생할 가능성을 포함하기 때문에 예측을 하는 데서도 역시 오차를 포함해야만 합니다. 이 수학적 기법을 어떤 사건이나 사상이 일어날 가능성의 정도를 의미하는 확률(Probability)이라 합니다.

경험해보지 않은 미래를 미리 알아내는 행위로 예지와 예측이 있습니다. 이론적으로 내다볼 수 없는 미래를 인간의 기본 감각[91]을 벗어난 능력으로 알아내는 능력을 예지력이라고 합니다. 이에 비해 충분히 많은 표본을 통해 알아낸 통계를 기반으로 겪어보지 않은 시도에 대한 확률을 가늠해볼 수 있는 능력을 예측력이라고 합니다.

---

91 시각, 청각, 후각, 미각, 촉각 다섯 개의 감각이며, 역사와 사회 편에서 정보의 수용 기관으로 다룸

7. 내삽과 외삽

내삽과 외삽을 설명하기에 앞서, 이해를 돕기 위해 신호 체계인 아날로그와 디지털부터 간단히 설명하겠습니다. 아날로그의 사전 의미는 '어떤 수치를 연속된 물리량으로 나타내는 일'입니다. 아날로그와 항상 함께하는 개념인 디지털은 '여러 수치를 유한한 자릿수의 숫자로 끊어서 나타내는 방식'입니다. 간혹 시대를 기준 삼아 이전의 기술들과 감정들을 아날로그로, 근대와 미래의 기술들과 감정들을 디지털로 나누기도 하지만, 근본적으로 이들을 구분하는 핵심 개념은 신호의 '연속성'입니다. 신호는 정보를 표기하는 하나의 방식이니, 신호를 정보라 간주하겠습니다.

그리고 매우 어렵지만 자연을 포함한 우리 주위에서 제공되는 정보가 아날로그인지 디지털인지 보고자 합니다. 정보 구분을 위해서, 우리에게 제공되는 정보가 '연속적인지 혹은 불연속적인지'를 판별해야만 합니다. 여러 정보들이 있겠지만, 자연의 정보들을 정렬할 수 있는 가장 유력한 기준은 시간과 공간입니다. 언뜻 생각하기에 무한한 공간과 시간은 연속적일 듯합니다. 하지만 아쉽게도 우리가 살아가는 공간인 우주가 매우 넓으며 살아온 시간이 매우 길다는 사실은 자연의 정보가 아날로그인지 디지털인지 구분해주는 기준이 아닙니다. 아득히 먼 거리나 시간이 아닌, 공간과 공간 사이 혹은 시간과 시간 사이가 비어 있는지 (불연속적) 혹은 꽉 채워져 있는지 (연속적) 연구한 물리학자들은 원자와 전자 단위의 미시세계까지 관측할 수 있게 되었습니다. 그리고 광자와 전자의 특성을 관찰하면서 물질/에너지 상태에서 그것들이 불연속적임을 밝혀냈습니다.

매우 어려운 이야기지만 결론은 불연속적인 디지털 세상입니다. 이처럼 우리 세상이 불연속적으로 느껴지나요? 실제로 인간의 수명은 유한하며 오감을 이용해 인지하는 세계는 한정적이기에 일부 정보만 발췌하여 받아들일 수밖에 없습니다. 따라서 인간이 취급하는 정보는 연속성을 갖기 어렵습니다. 그럼에도 불구하고 수많은 조각으로 나뉜 정보의 조각들을 모으고 모아 축적하고 정리한 인류는 많은 분야에서 연속성을 부여하기 시작했습니다.

이처럼 불연속적인 정보를 메워 연속적인 정보로 이어가는 수학 기법이 내삽과 외삽입니다. 먼저 내삽은 보간(內挿, 補間, Interpolation)이라고도 부르며 알고 있는 값들 사이의 모르는 값을 표기하는 기법입니다. 외삽은 보외(外挿, 補外, Extrapolation)라고도 부르며 알고 있는 값들 밖에 있는 모르는 값을 표기하는 기법입니다. 통계를 통해 관계식을 도출하여 유추하는 확률과 유사하지만, 확률은 발생할 가능성만을 표시하고 내삽과 외삽은 그 가능성을 내포하면서 결과값을 표기함에 차이가 있습니다.

관계성을 평가하기 위해 실제로 측정한 데이터만 표기한다면 오차 표기가 된 점 그래프가 됩니다. 관계의 신뢰성을 확보하기 위해 보다 더 많은 데이터들을 측정하고 싶지만, 추가 데이터는 비용이 발생합니다. 일정한 데이터들이 수집되면 점들을 이으며 수많은 예상 점들을 만들게 됩니다. 우리는 이렇게 만들어진 그래프에서 실제 측정한 결과값과 예상된 결과값들을 구분할 수 있어야 하며, 더 나아가 측정 범위를 벗어난 결과값은 변곡점이 있을 수 있음을 알고 있어야만 합니다.

참고 문헌

[1] 네이버 학문명 백과: 공학

[2] John Kenneth Galbraith, The New Industrial, Houghton Mifflin, 1967.

[3] Robert Heinich, Michael Molenda, James D. Russell, Instructional Media and the New Technologies of Instruction, Macmillan Coll Div, 1992.

[4] Liam Finn, The university of British Columbia, Civil Engineering

[5] Douglas A. Lauffenburger, Massachusetts Institute of Technology, Biological & Chemical Engineering

[6] Henry Petroski,『공학을 생각한다』, 반니, 2017.
    ※ 원서: The Essential Engineer: Why Science Alone Will Not Solve Our Global Problems

[7] Burrhus Frederic Skinner, Science and Human Behavior, Pearson Education,1953.

[8] 이강은, '벼랑끝에 선 수학교육', 세계일보, 2014.

[9] Michael Kremer, Population Growth and Technological Change: One Million B.C. to 1990, The Quarterly Journal of Economics, 108, 1993.

[10] World Bank Group, World Development Indicators(World Population)

[11] 니혼지츠교출판사 편집부,『보통의 교양』, 추수밭, 2017.

[12] 리처드 파인만,『파인만의 물리학 강의』(한국어 판), 승산, 2004.

[13] 김진우, '눈과 시각 이야기: 보게 된다는 것', 한국분자 세포생물학회, 2016.

[14] Isabellw Fontanille, '유럽 문자 기호와 연구동향', 세계문자포럼, 2019.

[15] Seoyoung Kim et al., Dopamine dysregulation in psychotic relapse after antipsychotic discontinuation: an [18F]DOPA and [11C]raclopride PET study in f irst-episode psychosis, Molecular Psychiatry, 2020.

[16] 스즈키 유,『운의 방정식』, 문예춘추사, 2024.

[17] 케이스 데블린,『수학의 언어』, 해나무, 2003.

[18] 패트리샤 반스 스바니, 토머스 유진 스바니, 『한 권으로 끝내는 수학』, 지브레인, 2013.

[19] 김재권, 『수학』, 휴먼싸이언스, 2016.

[20] 조던 엘렌버그, 『틀리지 않는 법』, 열린책들, 2016.

[21] 김민형, 『수학이 필요한 순간』, 인플루엔셜, 2018.

[22] 나가노 히로유키, 『읽어야 풀리는 수학』, 어바웃어북, 2020.

[23] 바츨라프 스밀, 『숫자는 어떻게 진실을 말하는가』, 김영사, 2021.

[24] 존 더비셔, 『미지수, 상상의 역사』, 승산, 2009.

[25] 다나 매켄지, 『세상을 바꾼 방정식 이야기』, 사람의 무늬, 2014.

[26] 존 M. 헨쇼, 『세상의 모든 공식』, 반니, 2015.

[27] 사이먼 윈체스터, 『완벽주의자들』, 북라이프, 2020.

[28] 김범준, 『관계의 과학』, 동아시아, 2019.

[29] Richard A. Easterlin, Does economic growth improve the human lot? Some empirical evidence, Nations and households in economic growth, 1974.

[30] 앵거스 디턴, 『위대한 탈출』, 한국경제신문, 2014.

[31] 리처드 이스털린, 『지적 행복론』, 윌북, 2022.

[32] 이승엽, ''이스털린의 역설' 의미, 이스털린 교수에게 직접 확인했더니', OhmyNews, 2022.

[33] Esteban Ortiz-Ospina, Happiness and Life satisfaction, Our World in data, 2024.

[34] 엘런 버딕, 『시간은 왜 흘러가는가』, 엑스오북스, 2017.

[35] 칼 B. 보이어, 『수학의 역사(상/하)』, 경문사, 2000.

[36] 정상윤, 『알기 쉬운 통계 원리 기초통계학』, 형설출판사, 2012.

행복 알고리즘